제주살이 그림쟁이의 드로잉 에세이
하루하루 행복 기록

제주살이 그림쟁이의 드로잉 에세이

하루하루 행복 기록

글·그림 정선욱(달구라)

BM (주)도서출판 성안당

시작하는 글

내가 일상의 소소한 행복을 기록하는 '행복 기록 프로젝트'를 시작한 이유는
무기력한 일상에 활기를 주고 싶었기 때문이다. 나는 항상 재미있는 것을 찾고,
새로운 환경에 도전하는 것이 즐거운 사람이었는데 어느 순간 모든 게 밋밋하게만 느껴졌다.

그러던 와중에 문득 눈이 갔던 만년필.
그것이 약간의 불씨가 되어 글씨 연습을 하고, 마음에 드는 만년필을 검색하고,
관련 커뮤니티를 돌아보고, 주변 지인들에게 추천도 하고,
잉크도 비교해보는 소소한 일들이 무척이나 재미있었다.
참 오랜만에 느껴보는 활력이었다.

그렇게 만년필로 글씨 연습을 하던 어느 날, '아, 오늘 너무 행복하다'라는 생각이 들었다.
그냥 흘려보내면 이 순간도 곧 기억에서 지워질 것 같아 노트에 그림일기처럼 끄적여두었다.

그때부터 나는 행복을 느끼는 순간들을 글과 그림으로 기록하기 시작했다.
그 기록이 하나둘 채워졌고,
나중에 다시 펼쳐볼 때면 그때의 좋았던 기억이 새록새록 떠올랐다.

이게 바로 내가 찾던 것이었다. 새로운 행복을 갈망하고 계속해서 찾아 나서는 것이 아니라,
내 일상의 소소한 행복을 기록하고 기억해나가는 것.

예전의 활력 넘치던 나의 일상을 되찾고 지금의 내가 할 수 있는 것을 찾아
그것을 기록으로 남기면서 다시 재미있고 즐거운 나날을 보낼 수 있었다.

나의 '행복 기록 프로젝트'는 그렇게 시작되었다.
긴 무기력함에서 꼭 벗어나겠다는 다짐과 함께, 나와 같은 상황에 있는 사람들도
활기차고 즐거운 하루하루를 보낼 수 있도록 돕고 싶다는 생각에서였다.
그 기록이 모이고 책으로 엮이면서 다른 사람들과 공유할 기회까지 얻게 되었다.

내가 좋아하는 제주의 사계절을
그대로 전하고 싶어서 열두 달로 나누어 책을 구성했다.
앞에는 기록을 조금 더 쉽게 했으면 하는 마음에 연필이나 만년필을 이용한
스케치 위주의 그림을 담았고, 점차 그림 그리기와 기록에 익숙해지면
색을 넣은 그림을 그리면 좋을 것 같아 뒤에는 채색한 그림으로 채웠다.
이 책의 독자들이 그날의 행복을 기록했으면 하는 마음에서
달마다 따라 하기 코너도 넣었다. 하루에 하나씩, 자신들의 이야기를 쓰고 그리며
일상의 작고 소중한 행복을 느꼈으면 한다.

우리의 소중한 하루하루가 더 행복한 기억으로 남을 수 있기를 응원한다.

제주에서 정선욱(달구라)

목차

004 + 시작하는 글
008 + # 준비   행복 기록 프로젝트 시작하기

022 + # 1월   새로운 시작

046 + # 2월   안에서 놀아보자

068 + # 3월   자연 가득 향 내음

090 + # 4월   눈과 입이 바쁜 계절

110 + # 5월   나들이하기 좋은 날

130 + # 6월   일상의 소소함

152 + # 7월   여름의 시작

172 + # 8월   덥거나 습하거나

192 + # 9월   뜨거운 안녕

212 + # 10월   바람의 향기가 달라지다

232 + # 11월   혼자만의 시간이 좋을 때

252 + # 12월   춥지만 따뜻한 계절

276 + 나만의 달력 만들기
280 + 다이어리 꾸미기
282 + 일 년 열두 달 행복 기록

#준비
행복 기록 프로젝트 시작하기

기록을 위한 재료 준비하기

기록은 그 자체만으로도 좋지만,
기록을 위한 도구도 굉장히 중요하다고 생각한다.

그날그날의 내 기분에 맞게 도구를 달리해서 기록해보면 어떨까?

몽글몽글한 기분을 표현하고 싶다면 오일파스텔이나 색연필을,
촉촉하고 풍부한 감성을 표현하고 싶은 날에는 만년필이나 수채화를.

이렇게 도구를 달리해서 기록하면
기록을 펼쳐보는 순간에 그날의 기억이
두 배, 세 배로 떠오를 거다.

별거 아닌 것 같지만 효과는 만점!

그렇다고 이 많은 재료와 도구를 한 번에 구매할 필요는 없다.
하나하나 사 모으는 재미도 소소한 행복이 될 테니까.

그림 그리기에 사용하면 좋은 도구들을 소개했지만
선뜻 사용하기 어려워 보인다면
이 중에서 가장 친숙하고 편한 도구부터 시작해도 좋다.

일상에 즐거움을 주는 행복 기록들

행복 기록은 거창한 것이 아니다.

내가 뭘 했을 때 행복했는지
하나하나 떠올려보면서
한 줄 한 줄 적어 내려가 보자.

글씨를 못 써도 좋고
그림을 못 그려도 좋다.

소중했던 기억을 기록하는 것 자체에 의미가 있으니까.

그렇게 하나둘 기록하다 보면
내가 무엇을 좋아하는지
어떤 취미를 가지고 싶은지
또 앞으로 어떤 걸 해야 할지
조금은 감이 잡히지 않을까?

일상이 무기력하고 아무것도 하고 싶지 않은 날,
나만의 행복 기록을 펼쳐보면서
반짝하고 새로운 힘을 얻을 수 있을 것이다.

내가 행복한 순간 ♪

- 버스에서 내 취향저격하는 신곡 찾았을때
- 점심먹고 하는 산책
- 망에드는 새로운 카페를 찾았을때
- 여름의 시작을 알리는 향기로운 귤꽃향기
- 오전에 마시는 하루의 첫 커피한잔
- 연차신청 ✔ 승인완료!! : 적절한 휴식 끝내주
- N 넷플릭스 보면서 뜨개실
- 조용하게 집중하는시간 . 영어필사 AB
- 작은 오브젝트 소품 지르기.
- 새로운 만년필프과 잉크 쇼핑.
- 그림그려서 인스타.유튜브에 올리고 댓글볼때.
- 날씨 좋은날 캠핑가기
- 여행 계획 세우기
- 나만의 맛집.카페.핫스팟을 적은 지도. MY MAP
- 우리집 나옹씨 만져주기.
- 베이킹하기

나는 뭘 할 때 행복한지 적어보면서 나를 되돌아보는 시간 ♥

#03

나만의 위시리스트 적어보기

일상에 활력을 불어넣고 싶은데
당장 무엇부터 시작해야 할지 모르겠다면,
평소 막연히 꿈꿔왔던 것들을 모아
나만의 위시리스트를 적어보는 건 어떨까?

하고 싶은 취미,
가보고 싶은 곳,
먹고 싶은 음식,
그리고 도전해보고 싶은 일들
무엇이든 좋다.

작은 것이라도 시작해보려는 마음이 가장 중요하니까.
꿈꿔왔던 것들을 노트에 적어보고
무엇부터 시작할지 정해보자.

✿ 위시 리스트 ✿ with Jeju

겨울의 윗세오름 가보기 : 봄의 윗세오름은 가봤으니 겨울도전!!
- 나는 영실코스로 갔는데 어리목 코스도 궁금하다.

용머리해안 가보기 : 세 번 가봤는데 매번 실패!! 다음엔 꼭!! 성공해야지...
- 날씨 체크 : 바람. 비 X
- 물때 체크 · 오픈시간 체크

고사리 채집하러 가보기 🌱 며느리도 안 알려준다는 "그" 고사리 포인트를 나는 찾을수 있을 것인가!!

올레길 코스 돌아보기 : 산책하기 좋은 올레길을 찾고 싶다.
- 올레길 여럿도 있다던데... 궁금쓰...

비 온 후 가보면 데크길에 물이 "찰랑 찰랑"
사라오름 가보기 (꼭 비온 후에!! 🌟)
몇 년째 생각만 하고 안 간건 비밀... 쉿!!

배타고 육지여행 가보기  =3 =3

✦중요✦ 반드시 우리차를 끌고 배를 타고 가야함
후보지는... 전주? 부산? 목포? 경주? 국내여행 경험이 거의 없어
어디가 좋은지 잘 모르겠으니 어디라도 일단 가보자!!

20**년 달력 떡딩
미리미리 준비해서 올해는 텀블벅에
달력 떡딩하기!! 열심히 그리자!!

근데 뭘 그리지...

만년필로 일상 기록하기

일상이 재미없고 무료하다는 사람들을 보면
열에 여덟, 아홉은 취미를 갖고 있지 않다.

살아가는 데 취미가 그리 중요하지 않다고 여길 수도 있지만
나는 즐거운 일상을 위해서는 취미가 필요하며,
무언가에 열중하는 기쁨을 모르는 것은
너무 슬픈 일이라고 생각한다.

나는 아주 많은 취미를 갖고 있어서
계절마다 시즌마다 돌아가면서 다양한 취미를 즐기는데,
그중 새롭게 찾은 취미가 만년필이다.

만년필 수집도 좋고
손으로 사각사각 글씨를 써보는 것도 좋다.

디지털로만 표현하는 생활에서
아날로그적인 손글씨를 쓰는 재미가 아주 쏠쏠하다.

아직 취미를 갖고 있지 않다면
손글씨 같은 소소한 취미부터 만들어보는 것은 어떨까?

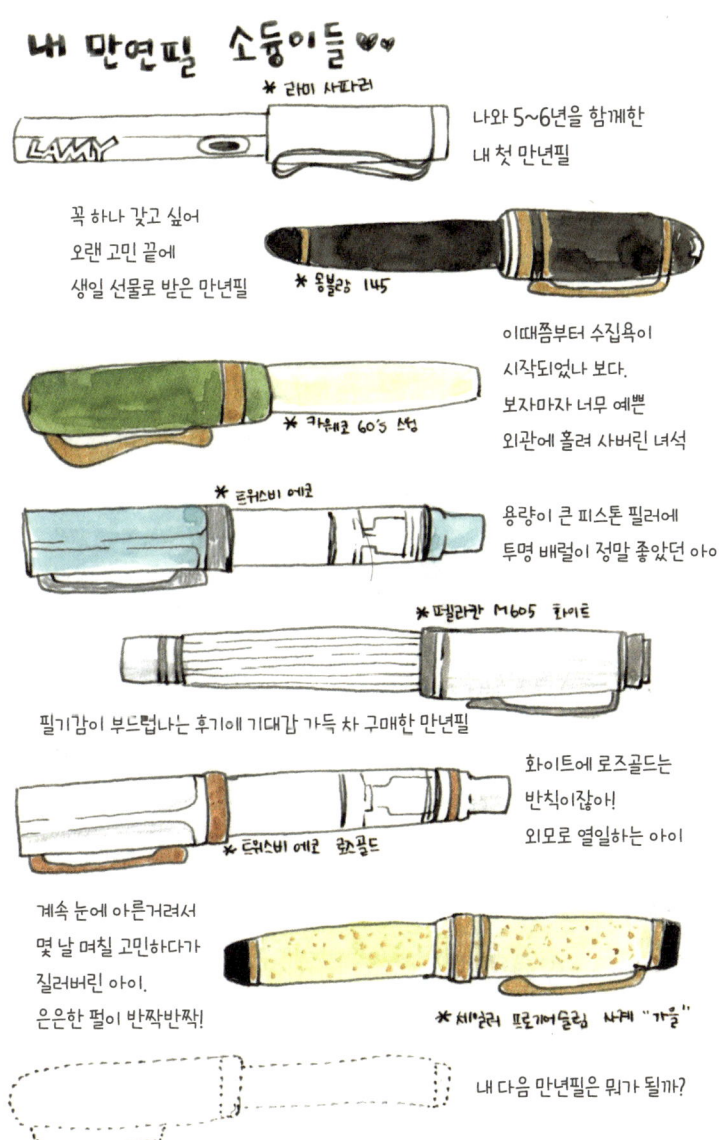

긍정적 문장 적어두기

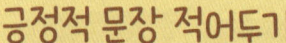

사회생활에서든 개인 관계에서든
나를 힘들게 하는 상황은 너무나 많다.

나는 한때 그런 상황을 나쁘게 받아들이고
비관적으로만 생각했다.
하지만 지금은 마음을 조금 달리 먹는다.

어차피 바꾸지 못할 상황이라면 제삼자의 마음으로 보든지
긍정적으로 생각해보려고 노력한다.

우울하다고 한없이 우울해하지 말고
가능하면 긍정적인 영향을 받을 수 있는
글이나 영상을 많이 보자.

발견한 문장을 일기에 적어두는 것도 좋은 방법이다.

EBOOK 리더기

그러다 보면 조금씩 조금씩
긍정적인 마음이 쌓이지 않을까?

지금의 나에게 가장 와 닿고
내가 하려는 일에 응원을 하는 듯한 문장.
그래, 좋아하는 일을 하자!

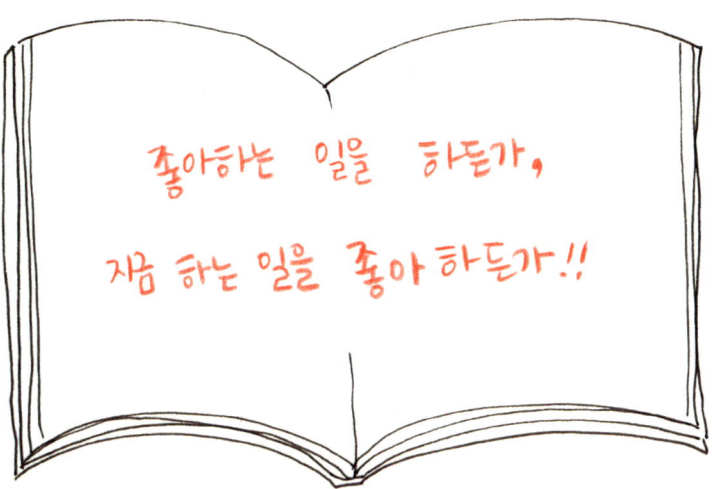

좋아하는 일을 하든가,

지금 하는 일을 좋아 하든가!!

소노 아야코 《약간의 거리를 둔다》중

소소한 성취감 느끼기

소소하고, 쉬우면서
남에게 보이기 위한 것이 아닌
나를 위한 일.

번아웃이나 의욕 저하가 왔을 때는
거대한 목표를 세우기보다
쉽고, 금방 할 수 있고,
빨리 결과를 볼 수 있는 일을
하나씩 끝내는 게 좋다.

나는 그런 소소한 성취감을 주는 것 중 하나가
일기라고 생각한다.

아무 글이나 끄적여도 좋고,
삐뚤빼뚤하게 그림으로 그려도 좋다.

자, 그럼 이제부터 행복 기록을 시작하자!

#1월
새로운 시작

1월의 제주는 폭풍 속 고요를 연상시킨다.
추운 바깥보디 안에서 시간을 보내며
한 해를 어떻게 보낼지 두근거리는 마음으로
새로운 계획을 하나둘 끄적인다.

두근두근 여행 계획

한때는 일 년에 적어도 한 번,
많으면 네 번 이상 해외여행을 갔더랬다.

그랬던 내가 몇 년째 해외는커녕
서울도 못 가고 제주에만 콕 박혀 있다니!

답답함에 몸부림치던 어느 날,
유튜브로 여행 브이로그를 보게 되었다.
그리고 랜선 여행에 눈을 떴다!

나는 여행할 때 여러 장소를 돌아다니기보다
한 곳에서 느긋하게 시간을 보내는 걸 좋아하는데,
방 안에서 취향껏 여행지를 골라보면서
느긋하게 여행하는 듯한 기분을 낼 수 있어서 좋다.

좋아 보이는 곳을 잘 메모했다가
여행이 가능해지는 날, 당장 비행기표부터 끊어야겠다.

건강해지쟈!!

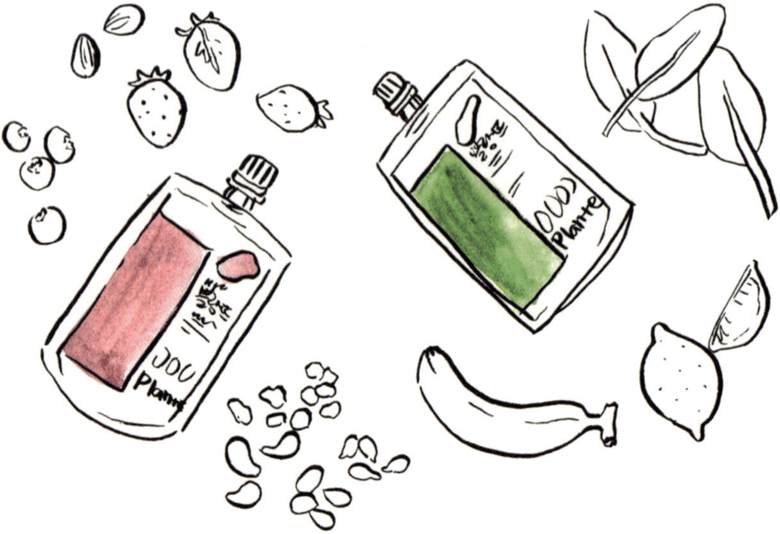

내돈내산 건강 스무디!! #돼지탈출!! #1일1건강식.
마지막 양심...

빵, 밀가루, 매운거
엄청 좋아하는 나...
한끼정도는 이런 거 먹어줘야지!
더러운 거(=맛있는거) 먹기 위한 처절한
몸부림...

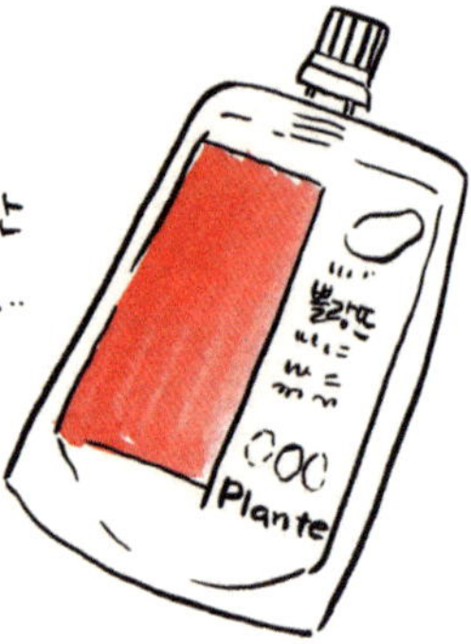

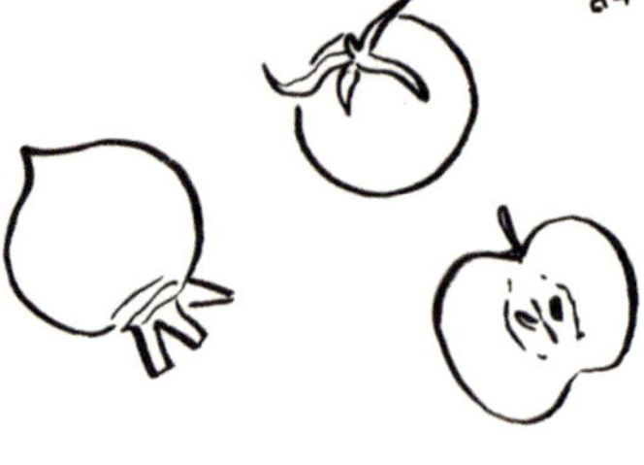

새해 결심, 건강한 사람이 되기

운동 부족인 나.
퇴근 후에는 항상 거하게 저녁을 먹었고
그 결과 역대급 몸무게 달성!

정신이 번쩍 들어서 조금이라도 운동하려 애쓰고
먹는 것도 조절했더니 몸이 한결 가벼워졌다.

하지만 체중 감량만이 목적은 아니었다.

몸 상태가 안 좋으면 감정 표현으로도 나타나더라.
몸 어딘가 좋지 않은 사람은 쉽게 뾰족한 성격이 드러나고
건강한 사람은 어떤 말과 상황에도 잘 흔들리지 않는다.

나의 새해 결심, 첫 번째!
건강한 몸과 마음으로 단단한 사람이 되기.

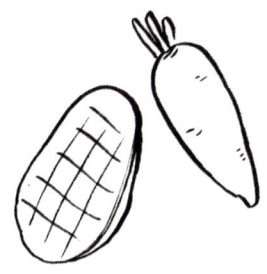

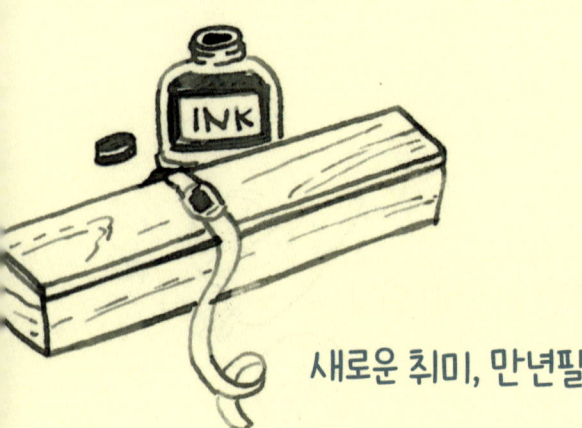

새로운 취미, 만년필

나는 볼펜보다 만년필을 더 좋아한다.

처음에는 입문용 만년필인 2만 원짜리
라미 사파리 만년필을 사서 아주 만족하며 오래 사용했다.

그러다 만년필의 다양한 세계에 꽂혀버려서
여러 가지 만년필을 모으기에 이르렀다.

만년필마다 필기감이 다르고 손에 쥐는 느낌도 달라서
더 신기하고 모으는 재미가 있었던 것 같다.

얼마 전에는 글라스펜을 주문 제작했다.
덕질의 세계는 정말 끝이 없다.

들어는 봤나!! 글라스펜!!
유리펜 이라고도 하지. ㅎㅎ

새로 구입한 글라스펜
사각사각 느낌도 좋고 자꾸 사용하고 싶어짐

잉크 바꿔 쓰는 재미가 쏠쏠...

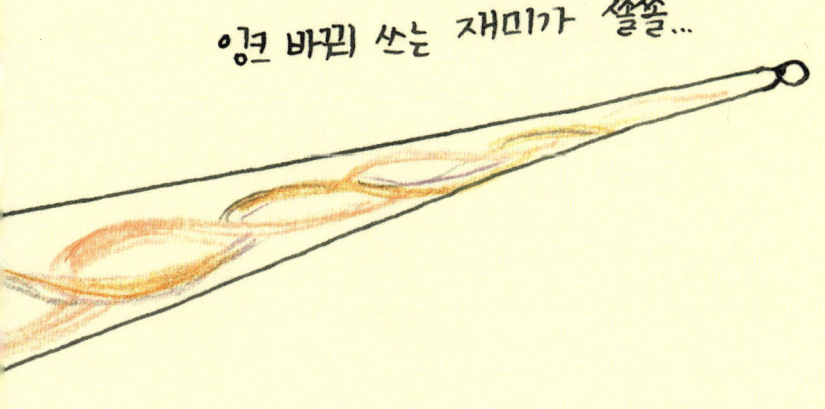

⑧ 펠리칸 에델슈타인
⑨ 몽블랑
⑩ 라미
⑪ 롤러 앤 클린너
⑫ 세일러 블루블랙삽 한정잉크
⑬ 카와비스 (시즌마다 병 모양이 다를수있음)

#05

아이패드 드로잉

책읽기

취미부자라서
참좋다 ♥

나는 취미가 정말 많다.
매일매일의 기분에 따라
이것저것 해보는 것이 내 삶의 낙이고 활력이다.

책쇼핑

영화, 드라마 보기

자전거타기

겨울뜨개 대바늘 / 여름뜨개 코바늘

레진공예

실내 스포츠

구기 종목에 약한 내가
유일하게 즐기는 스포츠.

대학생 때 친구 따라갔던 당구장에서
처음 포켓볼을 친 후 그 재미에 홀딱 빠졌다.
당구장에서 시켜 먹는 짜장면은 또 왜 그렇게 맛있는지.

이후, 포켓볼 치는 데
알바비를 모두 탕진했다 해도 과언이 아니다.

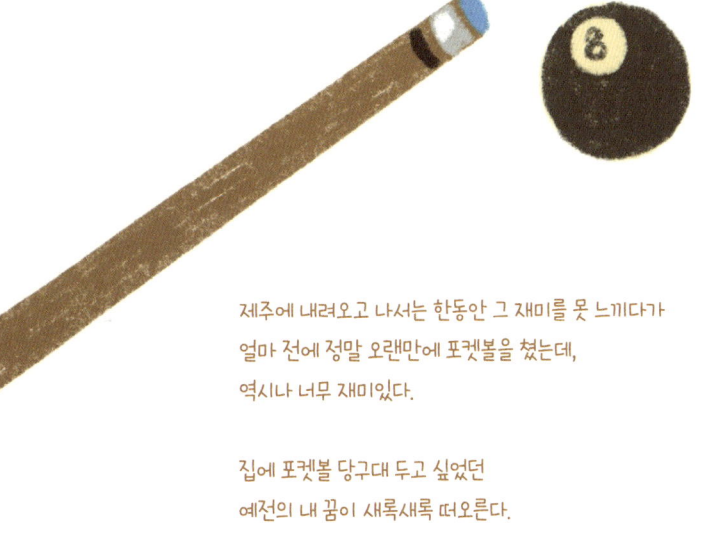

제주에 내려오고 나서는 한동안 그 재미를 못 느끼다가
얼마 전에 정말 오랜만에 포켓볼을 쳤는데,
역시나 너무 재미있다.

집에 포켓볼 당구대 두고 싶었던
예전의 내 꿈이 새록새록 떠오른다.

그 꿈, 언젠가 이룰 수 있을까?

내가 좋아하는 음식들

육포. 환장함.

겨울에는 뜨끈한 국밥 한 그릇만 한 음식이 또 있을까?
몸을 녹여줄 달달한 간식도, 따뜻한 차도 좋다.
반면 여름에는 물회가 최고지!
시원한 수박도 생각나네.

스콘

크루아상

프레즐

베이글

나...쓰러진다잉!!
국밥 한 수저에 깍두기

초콜릿 러버.
But. 단거 말고 카카오 높은거.

깍두기

해장국 한사발
* 국밥중입니다.

녹차

루이보스

구수한 차 종류

여름엔
냉면보단
물회!!

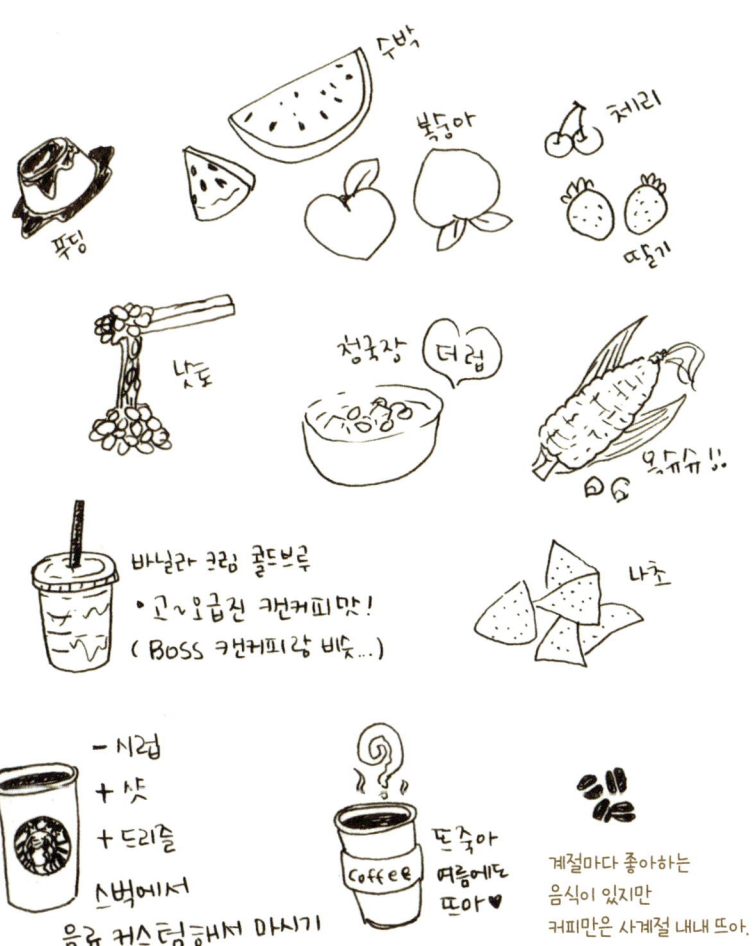

캐러멜마키아토 (뜨겁게, 톨 사이즈)
⊖ 바닐라 시럽 -1
⊕ 샷 추가 +1
⊕ 드리즐 많이

스타벅스 돌체라떼 (뜨겁게, 톨 사이즈)
⊖ 돌체 시럽 -1
아주 진한 게 끌리는 날에는
샷 하나 더 추가!

#08

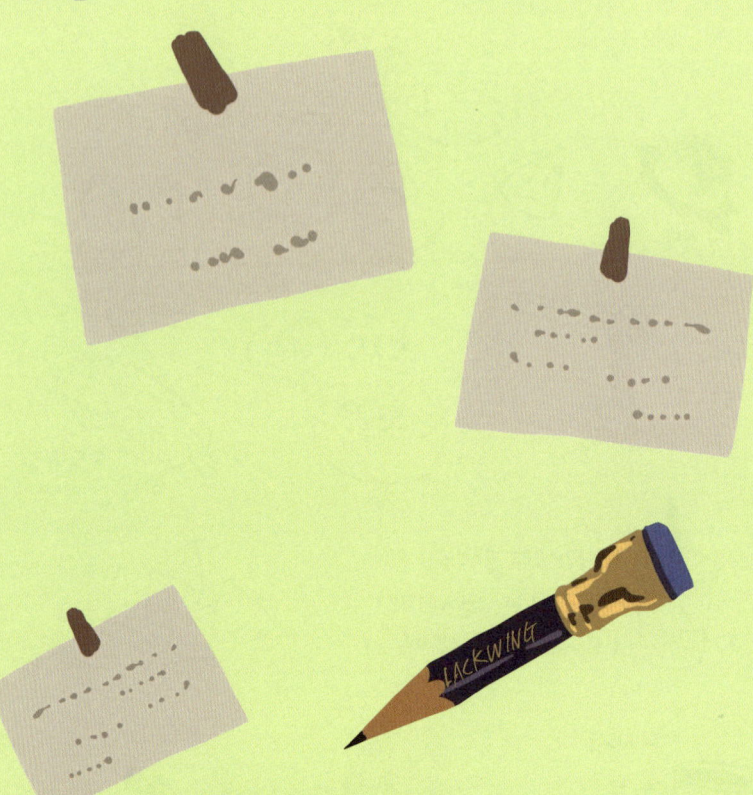

감성의 시간 판매점

나는 필기구를 좋아해서
종종 문구점에 들른다.

제주에도 필기구 전문점들이 있는데
옛날 타자기, 손수 깎아서 쓰는 연필을 비롯해
감성감성한 소품들이 즐비하다.

Pilgi
필기

예약하고 가면 혼자 오롯이 글 쓰는 시간을 즐길 수도 있다.
문구점이라기보다 감성의 시간을 판매하는 곳에 더 가깝다.

가게에서 판매하는 블랙윙 연필은
사각사각한 필기감에 계속 뭔가를 쓰고 싶게 한다.

좋아하는 문장을
좋아하는 연필로 한 자 한 자, 눌러 적어보는 시간.

마라가 좋아

한번 마라의 맛에 빠지면 정말 답이 없다.

좋아하는 가게에서 사 먹는 마라탕도 맛있지만
마라를 좋아한다면 집에서도 만들어 먹어보자.

원하는 재료를 넣고 내가 원하는 간으로
원하는 양만큼 만들어 먹을 수 있다.

매우 중요
라조유, 마조유
필수 구매

마라 요리를 만들 때 가장 중요한 재료는
라조유와 마조유!

시판 마라 소스로는
어쩐지 '나 마라야!'라는
느낌이 부족한데,

이 두 소스만 있으면
한층 업그레이드된 마라 맛을
느낄 수 있을 것이다.

취향 따라
구매

1월의 그려보기 커피를 그려보자

그림 그리기를 어렵게 생각할 필요는 없어요.
쉬운 것부터 그림으로 그려보세요.
평소 좋아하는 것이라면 더욱 좋겠죠.
동그라미와 네모로 간단하게 커피 그리기에 도전!

💡 그림과 같이 동그라미와 네모 도형으로 간단히 형태를 잡아주면 되니, 아래 순서대로 따라 해보세요.

① 종이에 동그라미와 네모 도형으로 밑그림을 연하게 그려요.

② 동그라미와 네모 형태로 사물을 파악하고, 밑그림 위에 동그라미를 그려요.

③ 동그라미 아래로 선을 그어 네모 도형을 그려요.

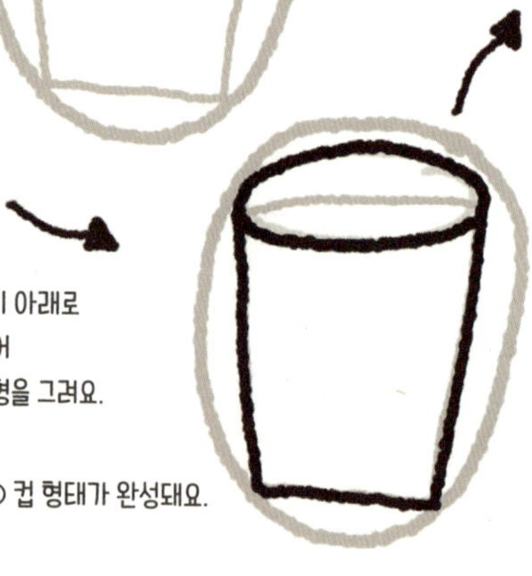

④ 컵 형태가 완성돼요.

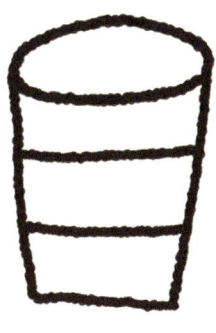

⑤ 세부적으로 꾸며줄 것을 그려요.

💡 그림을 많이 그리다 보면
밑그림 없이도 그릴 수 있답니다.
기본 도형(컵)을 그리고 나서,
그 위에 다양한 커피컵을 그려보세요.

⑥ 색칠까지 해주면 완성!
사물의 평소 모습과 색깔을 떠올리면서
자유롭게 꾸며주세요.

테이크아웃 커피를 색연필이나
수채화물감 또는 아이패드 등
다양한 도구로 그려보세요.

043

#11

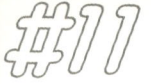

행복을 주는 것들로 채워보기

여러분에게 행복을 주는 것들은 무엇인가요?
나만의 행복 리스트로 빈 곳을 자유롭게 채워보세요.
글로 적거나 그림으로 그려도 좋아요.

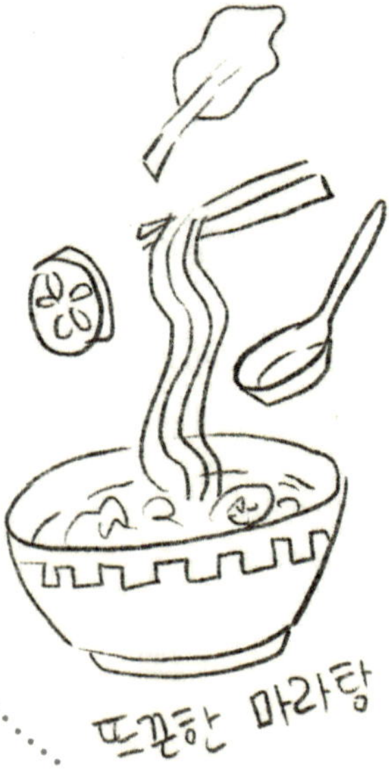
뜨끈한 마라탕

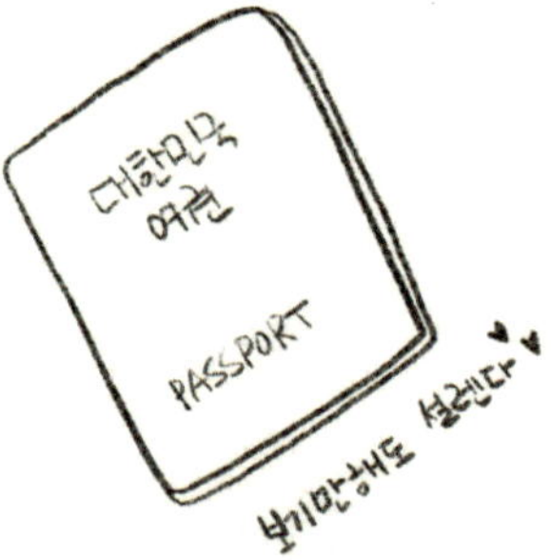
대한민국
여권
PASSPORT
보기만해도 설렌다♥

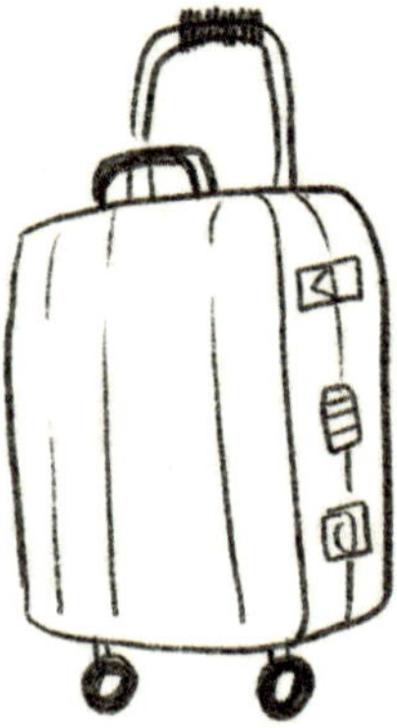

#2월
안에서 놀아보자

추운 계절에는 좋아하는 가게와 공방을 찾거나,
나만의 공간에서 더 오랜 시간
소소한 행복을 기록한다.
매일의 일상이 더욱 반짝이도록.

제주 공방 투어

제주에는 정말 다양한 공방이 많다.
라탄, 실크스크린, 스테인드글라스, 수채화 등등.

바깥 활동이 힘든 겨울.
공방 원데이 클래스에 도전해보면 어떨까?

토토아뜰리에

푸른바다캔들

유수암 농촌체험관

하루애제주

이니스프리카페

휴도자기공방

수다창고

우드비앙

- 쿠킹클래스
- 라탄 클래스
- 우드카빙
- 비누체험
- 도예체험
- 스테인드글라스
- 드로잉 클래스
- 실크스크린

tip 제주는 크게 제주시와 서귀포시로 나뉘지만 세부적으로는 동부, 서부, 남부, 북부로 나뉘며 이 책은 동서남북을 기준으로 장소들을 소개한다.

049

#02

라탄 공방, 오로르 작업실

제주의 여러 공방 중에
라탄 공방인 '오로르 작업실'을 특히 좋아한다.

같은 라탄 공방이라도 주인의 성향과 취향에 따라 조금씩 분위기가 다른데,
이곳의 작품들은 오리지널리티도 있으면서
요즘에 딱 먹히는 감성도 충분히 담겨 있어서 자신 있게 추천하는 곳이다.

여행 중에 잠시 짬을 내, 라탄을 엮으며 마음을 정리하는 시간을 가져보면 어떨까?

#03

소중한 액세서리들

feat. 매일 함께하는
내 피부같은 소품

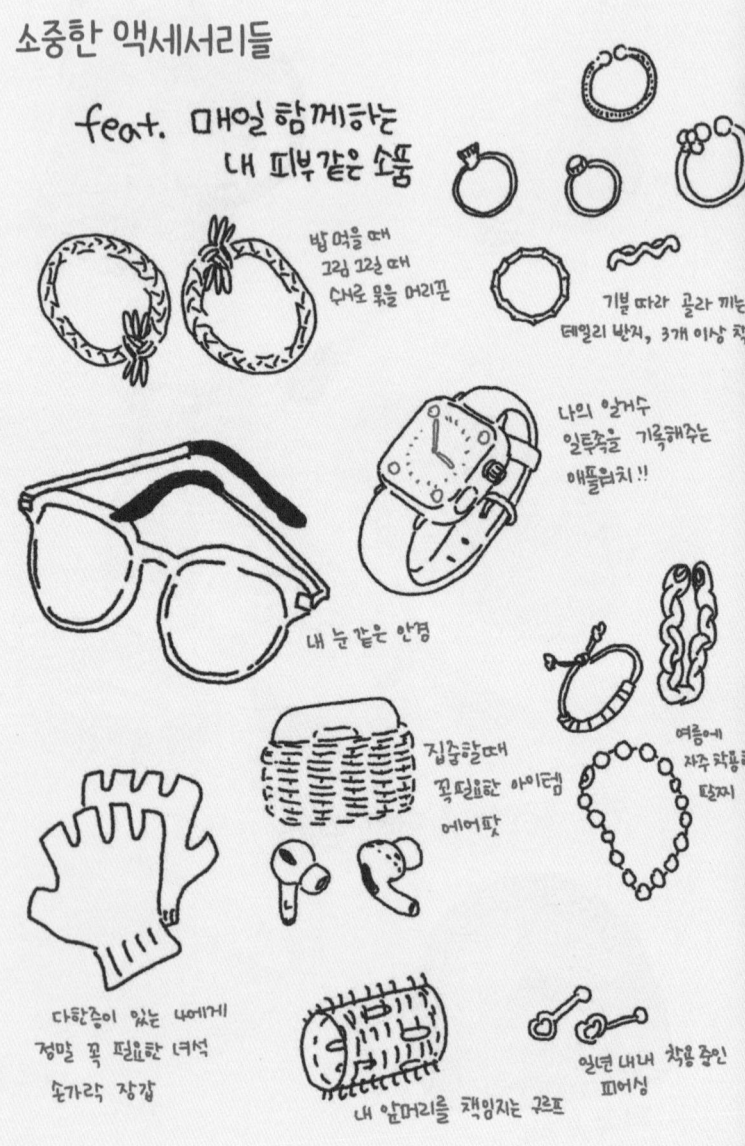

밥 여을 때
그림 그릴 때
수시로 묶을 머리끈

기분 따라 골라 끼는
데일리 반지, 3개 이상 꼭

나의 일거수
일투족을 기록해주는
애플워치!!

내 눈같은 안경

여름에
자주 착용할
또치지

집줄할때
꼭 필요한 아이템
에어팟

다한증이 있는 나에게
정말 꼭 필요한 녀석
손가락 장갑

내 앞머리를 책임지는 고르프

일년 내내 착용 중인
피어싱

액세서리 공방, 오브젝트 늘

나는 액세서리 중에서도 반지를 좋아하는데
고르는 조건이 좀 까다롭다.

예뻐야 하는 것은 물론
매일 착용할 수 있도록 편해야 한다.
그 조건에 딱 맞는 반지를 판매하는 곳이
바로 이곳, '오브젝트 늘'이다.

안타깝게도 여행지에서 이곳의 반지들을
홀라당 잃어버려서 가슴 아팠던 기억이 새록새록.

tip 공방 오픈 날짜와 시간이 다소 유동적이니
인스타그램에서 확인해보고 방문할 것!

제주의 소품 가게들

제주에는 개성 만점인 소품 가게가 가득하다.
제주에서 활동하는 작가들의 작품이
가게마다 다르게 입점되어 있고, 종류도 무척이나 다양해서
제주에 왔다면 꼭 한 번은 소품 가게에 방문해보자.

- 오달곰제주
- 더 아일랜더
- 펠롱펠롱 빛나는
- 냠냠제주
- 세화씨 문방구
- 샵제주
- 플래닛제주
- 데일리스티치
- 필기
- 애월상점
- 아라파파
- 오브젝트
- 무무제주
- 페이보릿
- 디자인 에이비
- 서귀양품점
- 제주애풍당
- 제스토리
- 감성점빵

- 서쪽 (애월)
- 남부 (중문, 서귀포)
- 동쪽 (월정, 세화)
- 북부 (제주시)
- 우도
- 가파도

제주다운 소품 가게, 무무제주

많고 많은 제주의 소품 가게 중,
개인적으로 가장 귀여우면서 제주스럽다고 생각하는
소품이 가득한 곳이 바로 '무무제주'.

집에서 멀리 떨어진 곳에 있어서 한 번도 가보지 못한 게 아쉽지만
인스타그램으로 신상품이나 일상 피드를 항상 체크하고 있다.

제주 감성 물씬 풍기는 귀여운 선물을 찾고 있다면
무무제주에 들러보는 것을 추천한다.

나의 첫 오마카세

초밥을 좋아한다면 추천!
인생 오마카세를 경험할 수 있는 곳, '스시코하쿠'.

오마카세는 일식에서 셰프가 그날 준비한 재료를 보여주고
하나하나 설명하면서 바로 만들어주는 추천 요리를 뜻한다.

배 불러서 조금씩 남기고 온 게 천추의 한이다. ㅠㅅㅠ

맛도 맛이지만 이곳의 셰프님이 아주 밝은 분위기를 뿜뿜해주시고
계속 친절하게 말도 건네주셔서 정말 기분 좋게 식사할 수 있었다.
또 내가 무슨 음식을 먹는지 알고 먹으니 더 맛있게 느껴졌다.

계속 나오는 요리 사진을 찍느라 분주했는데
다음에는 온전히 음식에만 집중하며 느긋하게 맛보고 와야지.

진짜 호강하고 행복한 저녁이었음

소소한 일상의 행복들

하나, 염색 후의 개운함

미용실 가는 게 너무너무 귀찮아서
미루고 미뤄 석 달을 버티다 결국 다녀왔다.
미용실에 앉아 있는 시간은 너무 길고 지루하지만

샴푸 후,
뿌리부터 머리카락 끝까지
한 가지 색으로 곱게 정리된
머리를 보면,
아! 어찌나 뿌듯하고 개운한지.

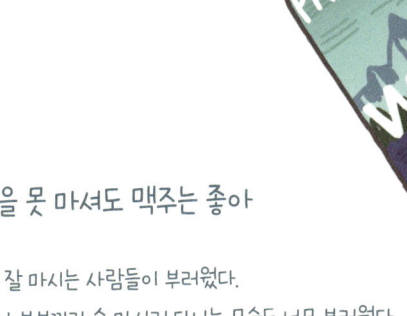

둘, 술을 못 마셔도 맥주는 좋아

나는 술 잘 마시는 사람들이 부러웠다.
연인이나 부부끼리 술 마시러 다니는 모습도 너무 부러웠다.
남편과 나는 쌍으로 술에 약하기 때문이다.

술에 약해 슬픈(?) 우리는 술이 고플 때 그나마 맥주를 마시는데,
일본 여행 때 생맥주를 맛본 이후로 한동안 맥주 유목민이 되었다.
그러다 결국 우리에게 딱 맞는 스타일의 맥주를 찾아버렸다!

한참 곰표 맥주가 핫할 때
우리는 파타고니아를 사 들고
성취감을 얻었다지. 후훗~

커피가 너무 좋아!

커피 처돌이인 나는 커피를 하루에 꼭 두 잔 이상은 마신다.
집에서도 맛난 커피를 먹고 싶어서 캡슐 커피머신을 장만했다.

하지만, 점점 커피 맛을 알게 되고
나만의 커피 취향도 발견하면서
원두 선택의 폭이 좁은 캡슐머신에 점점 불만을 갖게 되었다.

그래서 고민 끝에 새로 들인 에스프레소 커피머신!

이제 원두 선택이 자유로워졌고
집에서도 맛있는 아메리카노를 마음껏 마실 수 있게 되었다.

커피 처돌이는 너무나 행복하다.

#08

제주에서 눈썰매 타봤니?

사계절 기온이 온화한 제주지만, 중산간 지역에는 눈이 꽤 내린다.

차를 타고 중산간 도로를 조금만 다녀보면
낮은 오름들과 마방목지를 심심치 않게 볼 수 있는데
겨울이 되면 그곳들이 모두 천연 눈썰매장이 된다.

어른, 아이 할 것 없이 모두가 좋아하는 눈썰매는
제주에서 온 가족이 즐길 수 있는 거의 유일한 겨울 레포츠라서,
겨울만 되면 지역 카페에 눈썰매 타기 좋은 장소들이 활발히 공유된다.

제주에는 2월까지도 추위가 가시지 않아 눈이 제법 많이 내리곤 하니,
올해의 마지막 눈이 녹아 없어지기 전에 야외활동을 마음껏 즐기자.

2월의 그려보기 <u>입체감 쉽게 표현하기</u>

평면적인 그림도 귀엽지만
몇 가지 노하우를 통해 입체적인 그림을 그려보세요.
어렵지 않게 따라 할 수 있어요.

기억할 점
✔ 모든 사물은 □, △, ○ 로 이루어져 있다.
✔ 덩어리로 보는 연습을 하자!!

• **큰덩어리** - 그림의 크기를 결정한다
• **작은덩어리** - 사물의 형태를 결정한다

① 큰 덩어리를 먼저 그려 그림 크기를 잡고,
  그 안에 작은 덩어리로
  사물의 형태를 잡는다.

② 작은 덩어리 안을
　 세밀한 표현으로 꾸며준다.

💡 큰 부분부터 잡고 작은 부분들을
차근차근 표현해나가야 한다는 점, 기억하세요.
세세한 것부터 그리게 되면
그림 그리기가 어렵게 느껴진답니다.

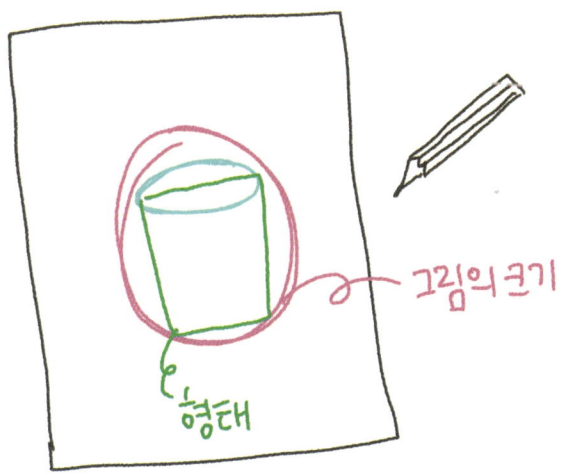

그림의 크기

형태

065

행복을 주는 것들로 채워보기

여러분에게 행복을 주는 것들은 무엇인가요?
나만의 행복 리스트로 빈 곳을 자유롭게 채워보세요.
글로 적거나 그림으로 그려도 좋아요.

초밥러버

심플한 원반지
feat. 편식하기좋아

라탄공예로
바구니 만들기
소품 보관용으로 안성맞춤!!

가끔 마시는 시원한 맥주.
캔으로 바로 마시는것보다
잔에 마시는게 더 좋다

가끔은 드립커피도 좋지 ♥

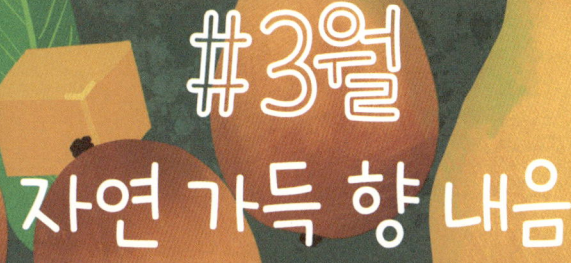

#3월
자연 가득 향 내음

3월의 제주는 향기롭다.
꽃향기, 바다 향기, 숲 향기, 비의 향기 등
여러 가지 향기가 반겨준다.
향기로운 3월의 제주를 기록한다.

#01

유채꽃

이맘때의 제주는 어딜 가도 노란 물결이 출렁인다.
그중 추천 스폿은 단연코 성산일출봉!

거대 풍력 발전기

제주 동쪽 지역에서 심심찮게 볼 수 있는 풍력 발전기.
새삼 이곳이 제주라는 걸 느끼게 해주는 풍경.

동쪽에 유난히 풍력 발전기가 많은 이유는
제주에서 가장 바람이 세고 많이 부는 지역이기 때문이다.

제주는 지역마다 날씨가 조금씩 다른데
서귀포 쪽에는 비가 많고
동쪽에는 바람이 많으며
서쪽에는 비교적 골고루(?)인 날씨가 많다.

때로는 느긋하게 카페에 앉아
초록 들판 위에 우뚝 서서 빙글빙글 돌아가는
풍력 발전기를 감상한다.

꼭 커다란 바람개비 같아서 재미있다.

고사리 장마

봄이 되면 제주에 반짝 장마가 다녀간다.
고사리 철에 오는 장마라 하여
'고사리 장마'라고도 부른다.
이 비를 맞고 고사리들이 쑥쑥 자란다.
이름도 귀엽다. 고사리 장마.

휴양림과 캠핑장

도시에서의 빡빡한 일상에 지쳤다면
제주의 싱그러움을 만끽하러 떠나보자.

제주의 휴양림 대부분에서는
캠핑도 함께 즐길 수 있다는 사실!

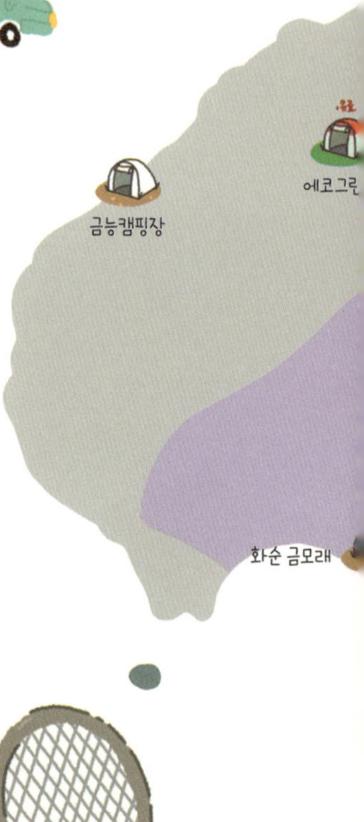

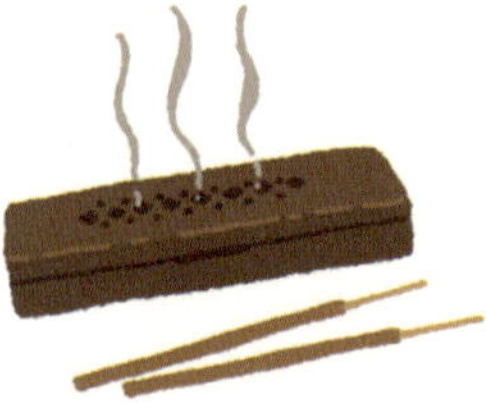

금능캠핑장

에코그린

화순 금모래

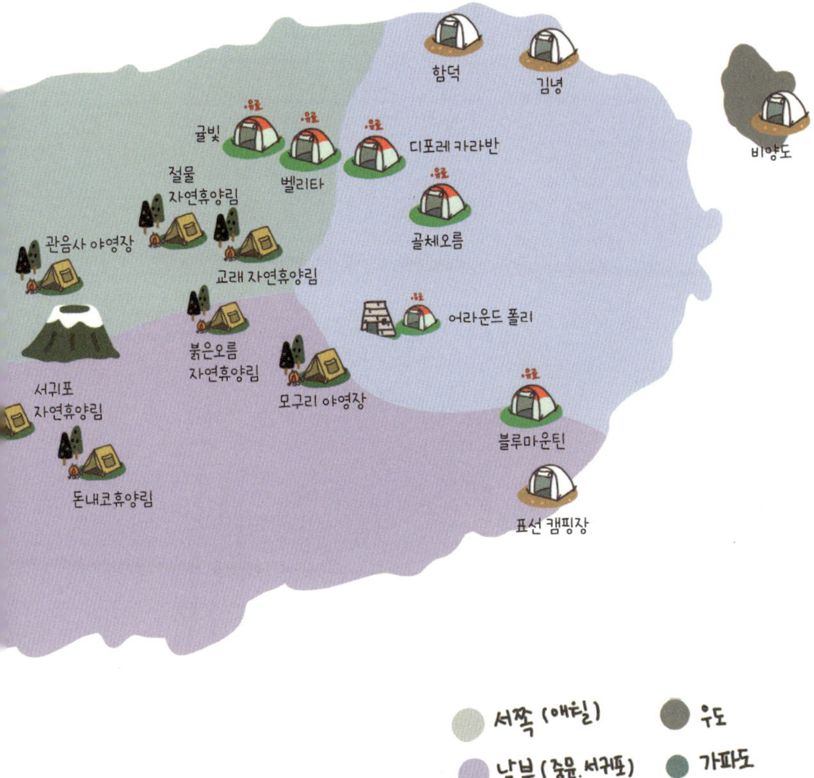

제주 캠핑장 지도

- 함덕
- 김녕
- 글빛
- 벨리타
- 디포레 카라반
- 절물 자연휴양림
- 관음사 야영장
- 교래 자연휴양림
- 골체오름
- 비양도
- 어라운드 폴리
- 붉은오름 자연휴양림
- 모구리 야영장
- 서귀포 자연휴양림
- 블루마운틴
- 돈내코휴양림
- 표선 캠핑장

범례
- 서쪽 (애월)
- 남부 (중문. 서귀포)
- 동쪽 (월정. 세화)
- 북부 (제주시)
- 우도
- 가파도

자연 속으로 풍덩! 여름 캠핑

겨울 캠핑의 매력이 텐트 속에서 여유롭게 힐링할 수 있는 것이라면,
여름 캠핑의 매력은 텐트를 활짝 열어 자연과 하나 된다는 것 아닐까?

살랑거리는 바람을 느끼며 낮잠을 자도 좋고
커피 한잔을 마시며 책을 읽거나
둥실 떠가는 하늘의 구름을 감상해도 좋다.

밤이 되어 모닥불 주위에 둘러앉아 불멍을 하거나
도란도란 이야기 나누는 시간도 빼놓을 수 없는 캠핑의 낭만이다.

#06

당근 당근

당근의 놀라운 변신

제주에는 유명한 먹거리가 많은데

그중 하나가 당근이다.

이맘때가 되면 당근밭 여기저기서

한창 수확하는 모습을 볼 수 있다.

당근은 디저트로 먹어도 별미다.

제주 곳곳에서 팔고 있는 당근 주스를

먹지 않고 이 계절을 보내는 건 너무 아까운 일이다.

당근 수확 철에 마시는 당근 주스는

혀가 깜짝 놀랄 만한 맛을 선물한다.

당근 케이크

당근 컵케이크

당근주스

당근빙수

당근 라페 강추

당근 1개
〈구좌당근이 진짜맛있음〉

레몬 ½ 즙

홀그레인 머스터드 1스푼

3mm 필러가 있으면 아주 좋음 ♥

파슬리가루 아
생파슬리 적당히

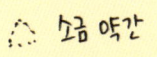

소금 약간
설탕 약간 (구좌당근은 생략가능)

올리브오일 2스푼

다 넣고
쉐킷 쉐킷..!!
그대로 먹어도 좋고
냉장고 1시간 보관 후
샌드위치에 넣어도 야

비가 좋아지다

비가 시도 때도 없이 내리는 제주.
맑은 날보다 흐리고 비 오는 날이 더 많다.

이런 제주 날씨에 익숙해진 걸까?
점차 비 오는 날을 즐기게 됐다.

원래 나는 한 방울도 용납하지 않겠다는 듯이
비가 오면 피해 다니기 바빴는데,
지금은 옷이 푹 젖을 정도가 아니면 그냥 돌아다닌다.

무엇보다 비 오는 제주 풍경이 참 예쁘다.

채도가 떨어진 초록빛들은 더 선명하고
빗소리 들으며 마시는 커피는 더욱 향긋하다.

해가 쨍쨍한 날의 제주가 핵인싸의 느낌이라면,
비 올 때의 제주는 완벽히 반대인데
그 느낌도 아주 다크하고 좋다.

점점 좋아지는 게 늘어서 다행이다.

#08

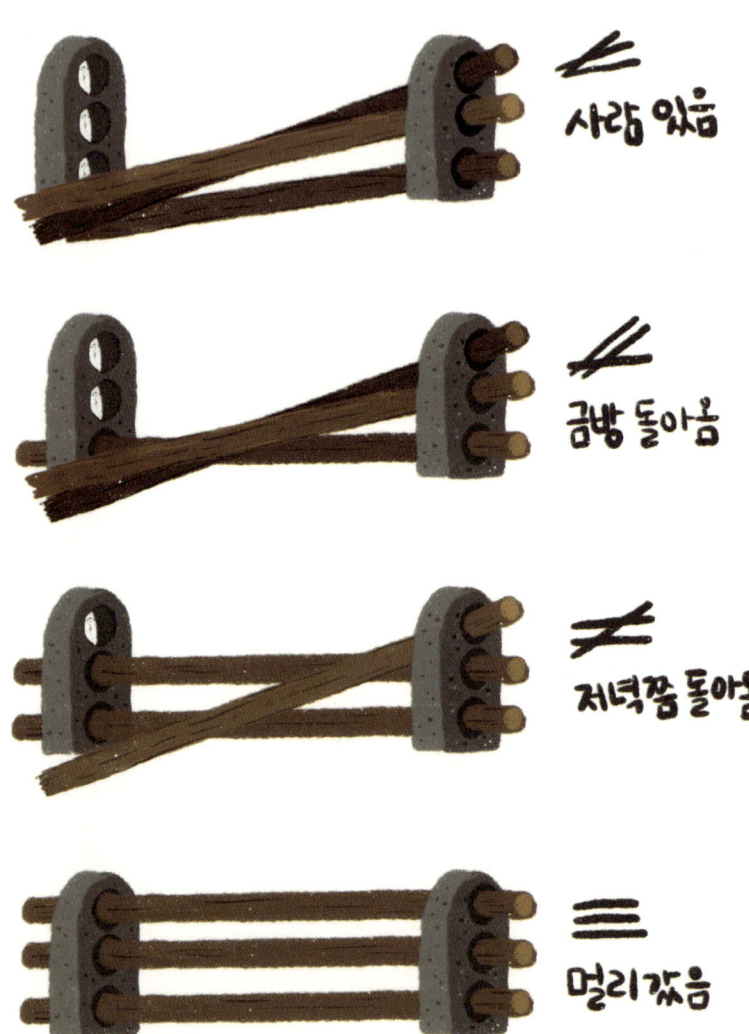

들어는 봤니? 정낭!

제주 여행을 해봤다면 한 번쯤 봤을 이것.
옛날에 제주에서 대문 대신 사용한 이것은
'정낭'이라고 불린다.

제주 외의 지역 사람들에게는 낯설 테지만
생각보다 사용법이 직관적이고 쉽다.

휴대폰이 없던 시절에는 이런 식으로
집에 사람이 있고 없고를 알렸구나, 싶어서
새삼 조상님들의 지혜에 감탄한다.

제주에는 원래 담벼락이 별로 없어서
집과 집 사이를 낮은 돌담과 나무로 구분했는데,
지금은 담벼락과 대문이 생기면서
정낭을 사용하는 집이 예전처럼 많지는 않다.

다음번에 정낭을 발견하면
주인이 집에 있을지,
떠났다면 언제 돌아올지 상상하며 감상해보자.

3월의 그려보기 <u>입체가 어렵다면 평면 그림부터!</u>

그림을 그릴 때는 평면 그림부터 시작하세요.
쉽고 간단하게 좋아하는 것들을 그리다 보면
점차 그림 실력이 자연스럽게 늘어요.

① 밑그림으로 동그라미를 그려서 그릴 그림의 크기를 잡아요.

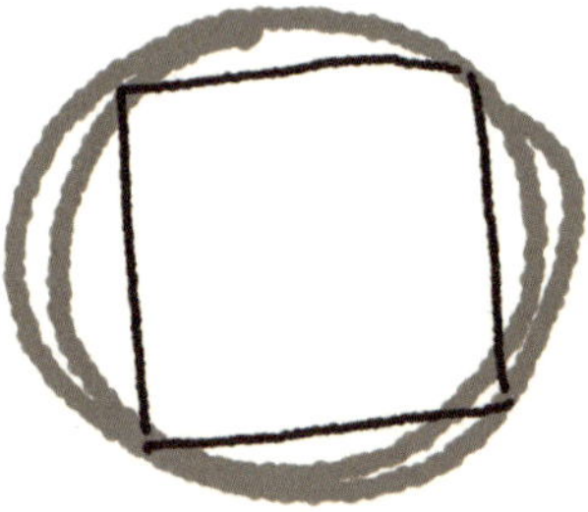

② 밑그림으로 그린 동그라미 안에 다시 네모 도형을 밑그림으로 그려 간단한 컵의 형태를 잡아줘요.

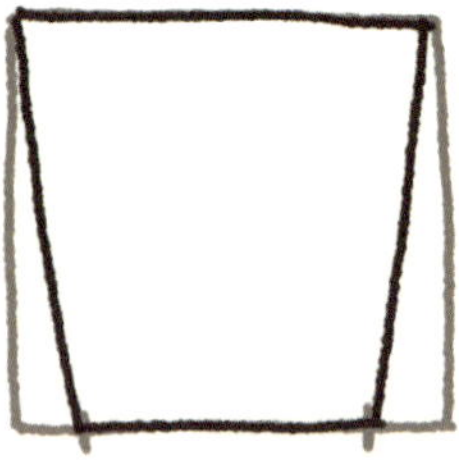

③ 네모 도형 밑그림 안에 컵의 형태를 그려요.

④ 동그라미 두 개를 그려서 컵 손잡이를 표현해요.

⑤ 전체적인 컵 모양의 스케치가 완성되면 채색을 해요.

이번에는
테이크아웃 컵
그리기에 도전!

🆗 밑그림과 스케치가
별개가 아닌, 하나의 그림이
완성되어가는 과정이라고
생각해보세요.

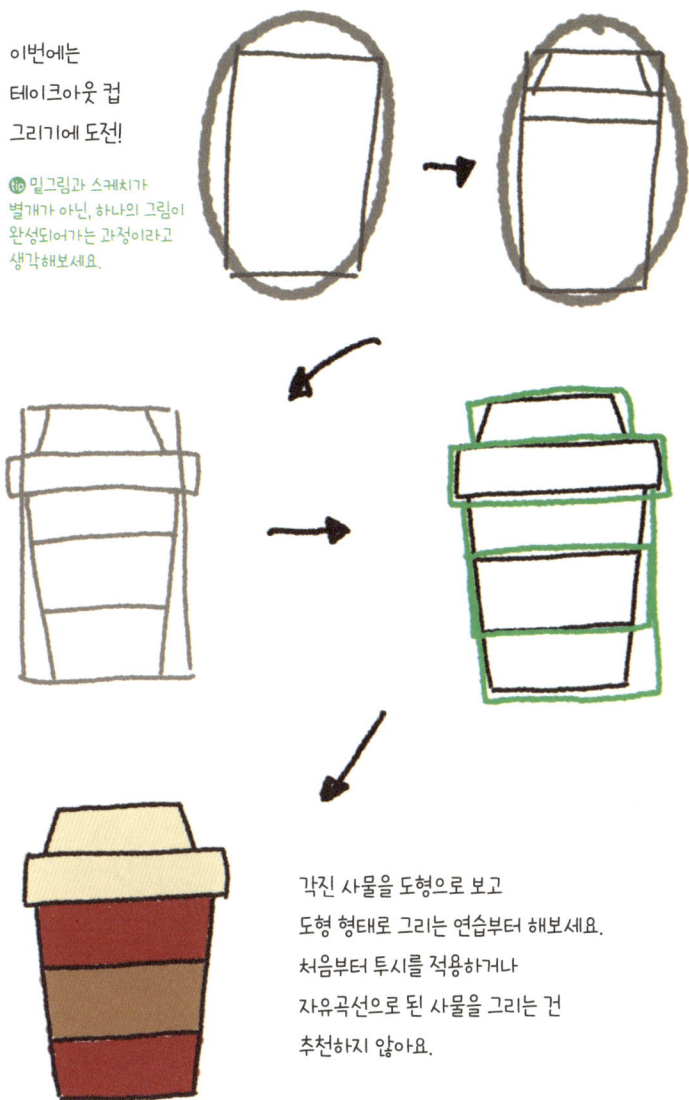

각진 사물을 도형으로 보고
도형 형태로 그리는 연습부터 해보세요.
처음부터 투시를 적용하거나
자유곡선으로 된 사물을 그리는 건
추천하지 않아요.

행복을 주는 것들로 채워보기

여러분에게 행복을 주는 것들은 무엇인가요?
나만의 행복 리스트로 빈 곳을 자유롭게 채워보세요.
글로 적거나 그림으로 그려도 좋아요.

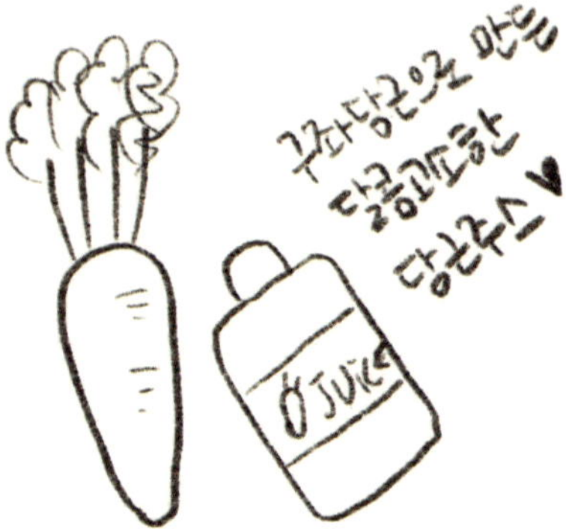

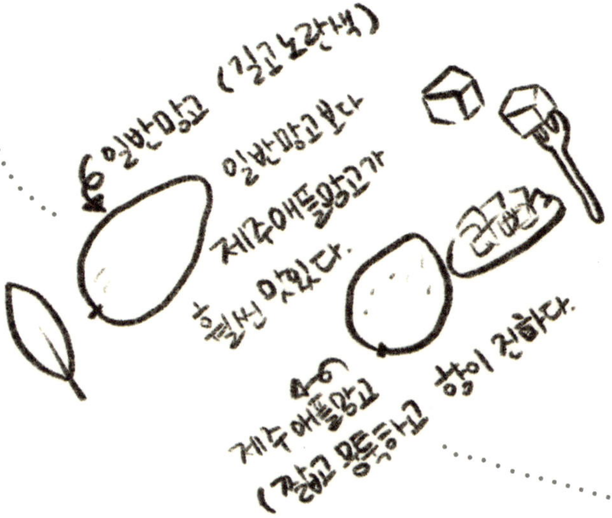

구라당근으로 만든 달콤하고도한 당근쥬스 ♥

일반망고 (길고 노란색)
일반망고보다 제주애플망고가 훨씬 맛있다.

애플망고
제주애플망고
(작고 몽똑하고) 향이 진하다.

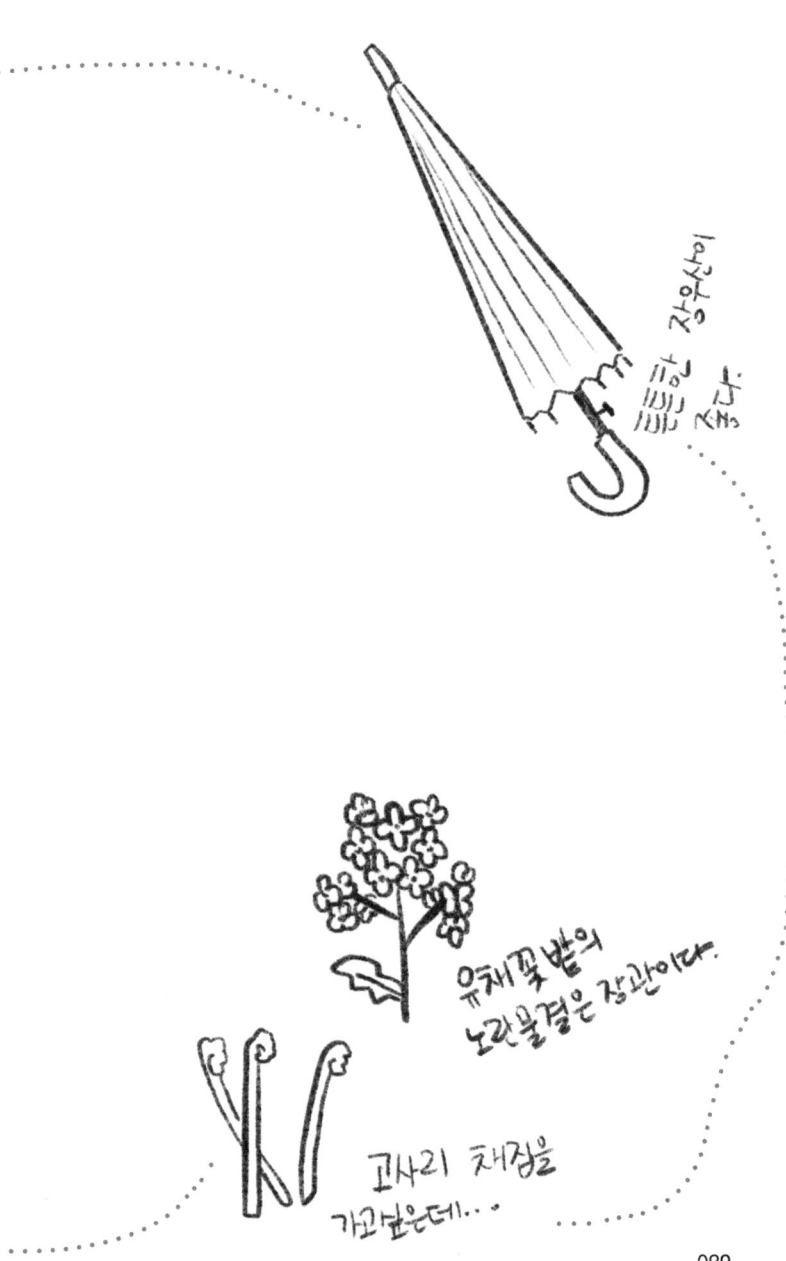

#4월
눈과 입이 바쁜 계절

화려한 제주의 4월은
눈 호강, 입 호강 제대로 할 수 있는 최적의 시기!
꽃구경과 함께 평소 아껴두었던 맛집 탐방도 해보자.

유채, 벚꽃, 수국

꽃을 빼고 이야기할 수 없을 정도로
제주는 다양한 꽃구경을 하기 좋은 섬이다.

유채꽃은 3월에 피기 시작하고 벚꽃은 4월부터 핀다.
따라서 3월 말에서 4월 초에 제주에 오면
유채꽃과 벚꽃을 다 볼 수도 있다.

수국의 개화 시기는 6~7월인데 노지에 피어 있는 수국보다는
유료로 들어갈 수 있는 곳의 꽃 상태가 훨씬 좋고
멋진 포토 스폿도 많다.

- 서우봉 둘레길
- 김녕
- 전농로
- 사라봉
- 번영로 전원마을
- 절물
- 종달리
- 한라수목원
- 삼성혈
- 장전리
- 관음사, 오라CC
- 제주대
- 중산간 왕벚꽃도로
- 성산일출봉 근처
- 항몽유적지
- 혼인지
- 녹산로(가시리)
- 일출랜드
- 섭지코지
- 한림공원
- 노리매공원
- 카멜리아힐
- 휴애리
- 상효원수목원
- 표선마을
- 산방산
- 중문초
- 호근동
- 위미초
- 송악산둘레길
- 중문색달
- 가파도 청보리

- 서쪽 (애월)
- 남부 (중문,서귀포)
- 동쪽 (함덕,세화)
- 북부 (제주시)
- 우도
- 가파도

제주의 벚꽃

벚꽃 철이 되면 제주 어디를 가도 벚꽃을 쉽게 볼 수 있는데
이번 벚꽃 구경은 더욱 특별했다.

평소에 찾던 캠핑장에는 자리 하나당 벚나무가 한 그루씩 있어서
볼 때마다 벚꽃 필 때 오면 참 예쁘겠다고 생각만 했는데,
정말 타이밍 좋게도 그럴 기회가 찾아왔다.

벚꽃이 가장 흐드러지던 날,
분홍 구름 같았던 벚나무 아래에서
벚꽃 비를 듬뿍 맞으며 한가로이 보내던 꿈결 같던 시간.

그 풍경이 내내 잊히지 않아
내년에도, 내후년에도
기회만 된다면 벚꽃 캠핑을 꼭 다시 가보고 싶다.

#03

귤꽃

튤립

작고 소중한 꽃
란타나

제주의 꽃

봄, 여름, 가을, 겨울,
사계절 내내 꽃들이 자리를 바꿔가며
고운 자태를 뽐내는 제주.

다음 달에는 또 어떤 꽃이 꽃망울을 피울지 궁금해진다.

백년초

벚꽃

베이킹

봄과 가을은 베이킹 하기에 가장 좋은 계절이다.
기온이 적당히 선선하고 습도도 높지 않아
버터 사용하기 안성맞춤.
손수 만든 쿠키와 스콘 싸서 나들이 가야지.

우아하고 예쁜 화과자

가장 좋아하는 화과자 가게를 물으면 1초 만에 대답할 수 있는 곳, '도리화과'.
이곳의 화과자는 시즌마다 달라지는데,
얼마나 정성을 들였는지가 보일 정도로 예쁘고 맛도 좋다.

눈으로 한 번 감탄하고 입에 넣으면 그 맛에 두 번 감탄하는 달콤한 디저트.
화과자 파는 곳답게 차 종류도 다양한데 음료 역시 모두 맛있어서 당당하게 추천하는 곳.

시간이 된다면 매장 한 켠에 마련된 방명록을
둘러보는 것도 빼놓을 수 없는 재미다.

자주 가지는 못하지만 정말 애정하는 차카페 '도리화과'.
정갈하게 만든 화과자와 차분하고 평화롭게 만들어주는
그곳의 분위기가 정말 좋다.

벚꽃절임 양갱
씹으면 은은하게
벚꽃향이 난다.

벚꽃모양 네리키리.
보기와 다르게 속에는
발로나 초코 앙금이 들어 있어
맛이 아주 일품이었다.

벚꽃비
참깨가 고소하게
씹히는 맛이 너무좋다.

ICE COFFEE

토실토실 보드라운
애기 궁둥이 같은
복숭아 화과자 ♥

HOT TEA

✿✿✿
처음 도리화과를 가는 사람에겐
무조건 추천하는 양배터 모나카.
이건 진짜 "무조건" 먹어줘야 함.
바삭! 달콤! 고소의 삼박자가 완벽함!!

● 이 외에도 시즌마다
 화과자가 바뀌는데 아직 많이 못먹어 봐서 매우 아쉽다...

#06

가파도의 청보리밭

제주에 살아도 주변 섬에 가볼 기회는 그리 많지 않은데
꼭 한 번은 찾아가 보고 싶은 곳이 바로 가파도이다.
청보리밭이 물결치는 풍경을 실제로 본다면 얼마나 좋을까.

여행 일정에 여유가 있다면 하루 반나절 동안
드넓은 청보리밭 구경만 해도 좋을 것 같다.

개취 가득 맛집 투어

랜디스도넛

제주에서 내가 제일 좋아하는 도넛집.
12개들이 한 박스를 사서 냉장고에 쟁이면
이게 바로 행복이지!

요즘 인기가 치솟으며
줄을 한 시간씩 서야 하는 건 슬프다….

제주에 도넛 가게가 더 많이 생기면 좋겠다.

해피누들

내가 제주에서 맛본 쌀국수 중에
세 손가락 안에 들 정도로 맛있었던 곳!
함덕 근처에 있으니 바다 구경 후 출출한 배를 채우기에도 딱이다.

4월의 그려보기 <u>자유곡선 사물 그리기</u>

그림을 그릴 때 도형으로 밑그림을 먼저 그려주면
각이 있는 사물뿐만 아니라, 자유곡선으로 된 사물도 쉽게 그릴 수 있답니다.

예시

① 그림의 전체 크기를 연한 밑선으로 그려줘요.

② 밑선 위로 원을 그려 사물의 대략적 형태를 잡아요.

③ 밑그림 위로 양말 모양을 스케치해요.

④ 양말을 세부적으로 꾸미고 채색까지 하면 그림 완성!

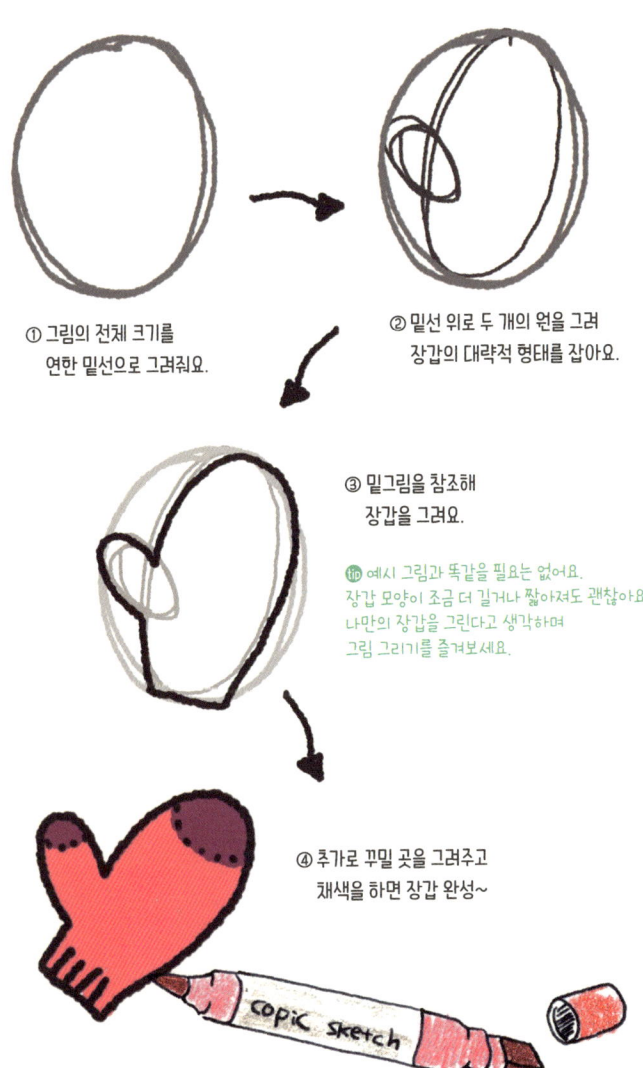

① 그림의 전체 크기를 연한 밑선으로 그려줘요.

② 밑선 위로 두 개의 원을 그려 장갑의 대략적 형태를 잡아요.

③ 밑그림을 참조해 장갑을 그려요.

💡 예시 그림과 똑같을 필요는 없어요. 장갑 모양이 조금 더 길거나 짧아져도 괜찮아요. 나만의 장갑을 그린다고 생각하며 그림 그리기를 즐겨보세요.

④ 추가로 꾸밀 곳을 그려주고 채색을 하면 장갑 완성~

행복을 주는 것들로 채워보기

여러분에게 행복을 주는 것들은 무엇인가요?
나만의 행복 리스트로 빈 곳을 자유롭게 채워보세요.
글로 적거나 그림으로 그려도 좋아요.

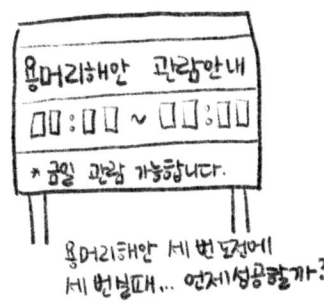

용머리해안 세 번 도전에 세 번 별패... 언제 성공할까?

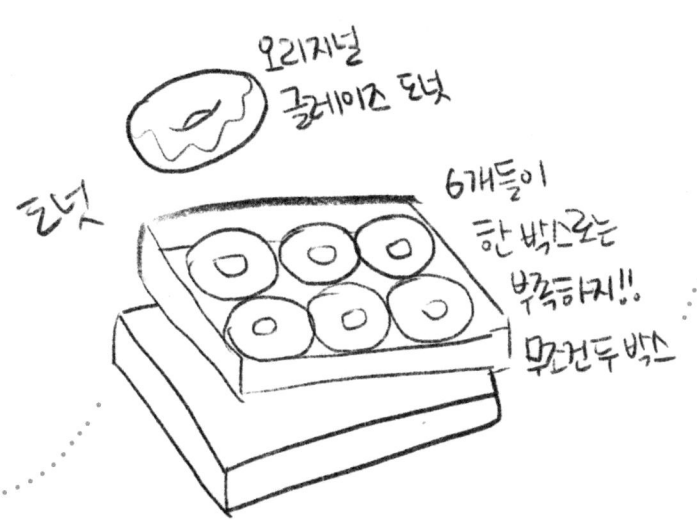

오리지널 글레이즈 도넛

도넛

6개들이 한 박스로는 부족하지!!

무건두 박스

#5월
나들이하기 좋은 날

5월의 제주는 외부 활동하기 딱 좋다.
날이 적당히 선선하고 또 적당히 따뜻하다.
드라이브나 산림욕을 하고 싶다면
이보다 좋은 시기가 있을까?

여유로운 드라이브

누군가 내게 제주에 살아서 가장 좋은 점이 뭐냐고 묻는다면
나는 대번에 "드라이브!"라고 답하고 싶다.

산을 보고 싶을 때는 중산간도로, 바다를 느끼고 싶을 때는 해안도로.
골라서 다니는 재미도 있고, 안 가 본 곳을 발견하거나
생소한 풍경을 발견하는 재미도 있다.

열린 창문으로 들어오는 향긋한 꽃향기, 고약한 거름 냄새마저도 웃음거리가 된다.
여러 가지 풍경을 눈에 담을 수 있는 제주의 드라이브가 참 좋다.

드라이브와 최고 궁합

제주는 한치가 유명하지만 그게 전부는 아니다.

제주 남서쪽 해안 도로를 달리다 보면, 도로 옆으로 준치 말리는 풍경을 흔히 볼 수 있다.

식감은 한치처럼 부드러운데

크기는 오징어처럼 크고 도톰해서 구워 먹으면 질기지 않고 맛이 아주 좋다!

드라이브하다가 준치 말리는 곳을 지나간다면 차를 잠시 세우고

구운 준치를 먹어보자. 해풍에 말려지는 준치를 풍경으로 인증샷도 찍으면

여행하는 맛이 두 배가 되지 않을까?

신선식품 직거래

김이 모락모락 나는 껍질째 삶은 완두콩을
입으로 가져가 쏙쏙 넣으면 겉에 붙은 짭짤한 소금기와
제철이라 맛이 오른 완두콩의 달콤함이 절묘하게 어우러진다.

제주도는 신선식품 배송을 잘 해주지 않는데,
그 맛이 그리워 직거래로 어렵게 완두콩을 구매했다.
제철 음식을 찾아 먹는 즐거움을 하나 더 발견한 것 같다.

"완두콩"
제주에서는 "보리콩"

소금 살짝넣고 잘 삶아서

까먹으면 최고의 간식 >ㅁ<

오일장 구경

오일장에 가면 물건 구경하는 재미가 쏠쏠하다.
이번에는 허브 묘목들을 사 와서 키워보기로 했다.
분갈이해서 베란다에 예쁘게 놓아야지.
애플망고도 한 바구니 사 왔는데
일반 망고보다 향도 진하고 맛도 아주 좋다.
시골에 살아서 불편한 점도 있지만
시골이라 느낄 수 있는 즐거움도 크다.

#03

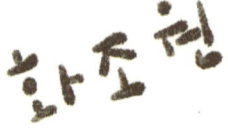 

화조원에서 만난 동물들

큰 기대 없이 방문한 동물원에서
앵무새 먹이 주기 체험을 하고 아이처럼 신이 났다.
재잘재잘 너무 귀여운 앵무새.
알파카는 털이 너무 퐁신하고 느낌이 좋았다.

아쿠아플라넷 제주

아이들과 함께 제주에 여행을 왔거나
물고기를 좋아한다면 무조건 가봐야 하는 곳.
연간 회원권을 끊어서 수시로 가고 있는데도
갈 때마다 너무 좋아서 두근두근한다.

관람 후 기념품 상점을 지날 때는
사달라고 조르는 무언의 눈빛을 조심할 것!

봄 윗세오름 등반

제주에 살면서 처음으로 윗세오름에 가봤다.
윗세오름에 가는 두 개의 코스 중에서
나는 조금 덜 힘들지만 오래 올라야 하는
영실코스를 선택했다.

온종일 앉아서 일하는 직장인이라
올라가는 내내 다리가 후들거려 힘들었지만
정상에서 느끼는 성취감과 개운함은 이루 말할 수 없었다.

5월의 윗세오름은 철쭉이 한창이었고
멀리 저 아래로 보이는 오름과 평지의 풍경이
가슴을 벅차오르게 했다.

흰 설원의 윗세오름도 궁금해진다.

귤꽃향기 좋은 거 모르는 사람 💕
없게 해주세요~ >ㅂ<

 ### 귤꽃 향기

늦은 봄에서 초여름 무렵에 풍겨오는 꽃향기.
처음에는 몰랐는데 나중에야 귤꽃 향기라는 걸 알고
매년 이때를 기다리게 된다.
제주에 귤밭이 지천이어서 참 좋다.

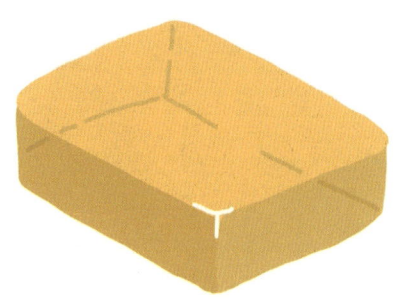

향기를 담은 것들

제주에는 새콤달콤 시원한 귤 냄새를
뭉근하게 풍기는 아로마 제품이 많다.

여행 온 기념으로 공방에서 직접 향초나 디퓨저, 비누 제품을 만들어볼 수도 있고,
만들기가 자신 없다면 소품 가게에서 파는 제품을 구매해도 좋다.

제주 여행의 기억과 향을 통해 여운을 느껴보자.

작고 소중한 반딧불이

어렸을 적, 나는 시골에서 지천으로 깔린 반딧불이를 잡고 놀면서 자랐다.
서울에서 지낼 때는 반딧불이를 어디에서도 볼 수 없었는데
제주에 와서 몇십 년 만에 반딧불이를 발견하고 어찌나 반가웠는지!

반딧불이는 예민한 곤충이기 때문에 가까이에서 보기 위해서는 주의가 필요하다.
향이 강한 화장품이나 향수는 자제하고
강한 불빛에 노출되지 않게 조심해야 하며
시끄러운 소리를 내는 것도 삼가야 한다.

신경 쓰고 주의해야 하는 것도 많지만,
한 번쯤은 반딧불이를 직접 눈으로 보라고 말해주고 싶다.
그 작은 곤충이 뿜어내는 불빛이 얼마나 신비하고 매력적인지.

tip 제주에도 반딧불이 체험을
할 수 있는 프로그램이 있다는 사실!

악기를 배우고 싶어

예전부터 악기 하나쯤은 꼭 배우고 싶었다.

어렸을 때 잠깐 피아노 학원에 다니며
피아노에 대한 로망이 생겼고,
누군가 멋들어지게 치는 기타 영상을 보면서
기타에 대한 로망을 키웠던 나.

하지만 피아노는 좁은 집에 둘 곳이 없어서 포기하고
기타는 쇠줄 때문에 손이 너무 아파서 단념했었다.

아직도 악기에 대한 로망을 접을 수 없어서
전자키보드와 우쿨렐레를 집에 두고 독학하고 있다.

언젠가는 멋진 연주곡 하나를 완주하고야 말겠어!

12년 전에 중고로 구입했던
우쿨렐레를 다시 꺼내서
띵땅 🎵 띵땅 🎵 연습한다.
10년도 넘은 우쿨이를 보자니
"내 취향도 참 한결같다"

5월의 그려보기 <u>외곽선 없는 그림 그리기</u>

외곽선이 없는 그림을 그려볼까요?
대략적으로 밑그림을 그린 뒤,
그 위에 색을 칠해보세요.
심플하고 귀여운 그림이 완성됩니다.

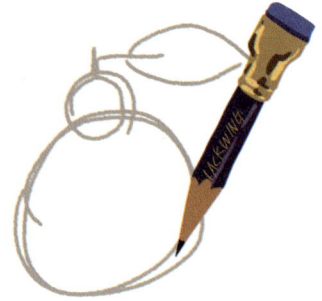

① 연한 색으로
러프하게 밑그림을
그립니다.

1차 채색

② 색을 채워주세요.
이때 스케치 라인을
벗어나도 괜찮아요.

* 세부꾸밈

③ 세세한 부분을 꾸며주세요.

* 주변꾸밈
추가

④ 주변에 그림을 더 그려줍니다.
스케치는 참고를 하기 위함이니,
채색할 때 꼭 그대로
따르지 않아도 좋아요.

💡 같은 그림을 반복해서 그릴 때는
크기나 형태, 색감에서 조금씩 차이를 주세요.

행복을 주는 것들로 채워보기

여러분에게 행복을 주는 것들은 무엇인가요?
나만의 행복 리스트로 빈 곳을 자유롭게 채워보세요.
글로 적거나 그림으로 그려도 좋아요.

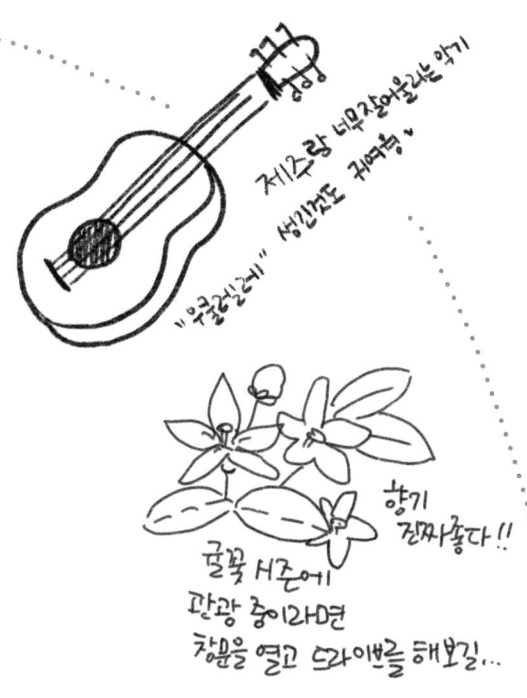

제주랑 너무잘어울리는 악기
생긴것도 귀여웡~
"우쿨렐레"

향기 진짜좋다!!

귤꽃 시즌에
관광 중이라면
창문을 열고 드라이브를 해보길...

물고기가
보고 싶다면
아쿠아플라넷으로
GO~GO~!!

하루를 열어주는 인센스 스틱

캠핑 가서 친구가 피운 향을 한번 맡아본 이후
나그참파 인센스스틱에 완전히 빠져버렸다.

그 뒤로 여러 가지 향을 피워보면서
좋아하는 향 리스트를 추리고 있다.

아침에 일어나 향을 하나 피우면
하루를 시작하는 마음이
안정되고 평온해지는 기분.

아삭 달콤! 초당옥수수

제주에 와서 처음 먹어본 초당옥수수.
그 후로 6월이 되면 꼭 챙겨 먹는 계절 별미이다.

딱 한 달 동안만 맛볼 수 있는 한정판이라
더 맛있게 느껴지는 건지도 모르겠다.

요즘에는 초당옥수수로 만든
각종 케이크며 빙수, 음료들도 나오던데
한 번씩 다~ 먹어보는 게 로망!

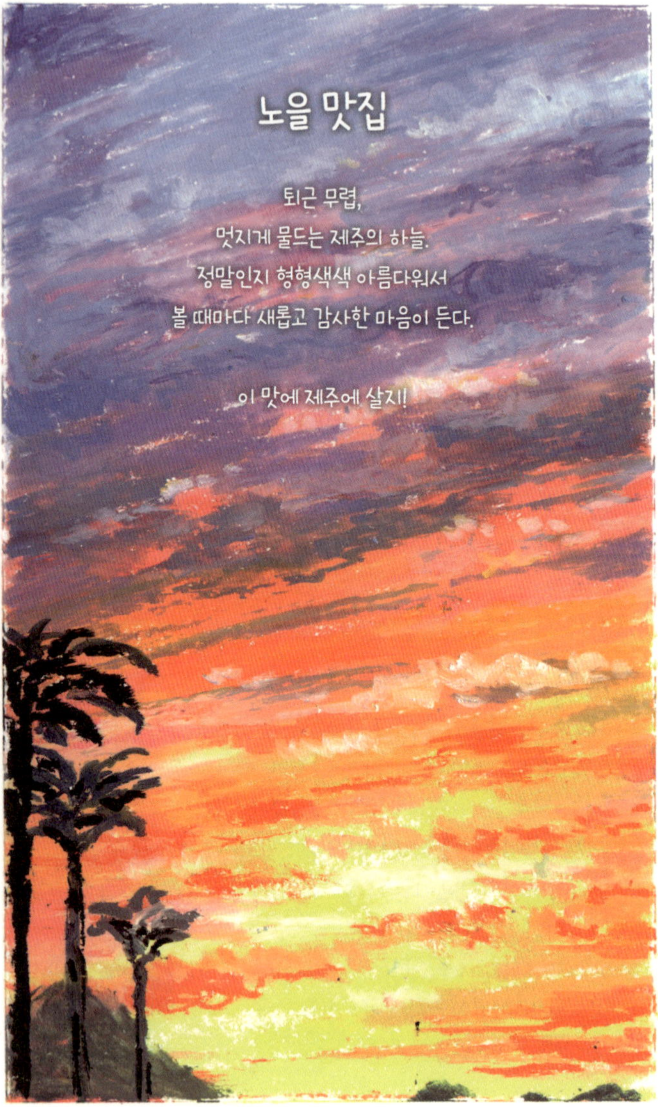

노을 맛집

퇴근 무렵,
멋지게 물드는 제주의 하늘.
정말인지 형형색색 아름다워서
볼 때마다 새롭고 감사한 마음이 든다.

이 맛에 제주에 살지!

흔한 제주 노을 ♡

하늘만 봐도 심심하지 않다.

#04

채집의 조건

① 물때가 맞아야 함
② 수심이 얕고 바위가 있어야 함

★ 제주 물때표 ★

제주: 고 28:48 (287) 저 04:27 (98)
      고 10:55 (254) 저 17:31 (60)
      ☀05:51 🌇 19:27

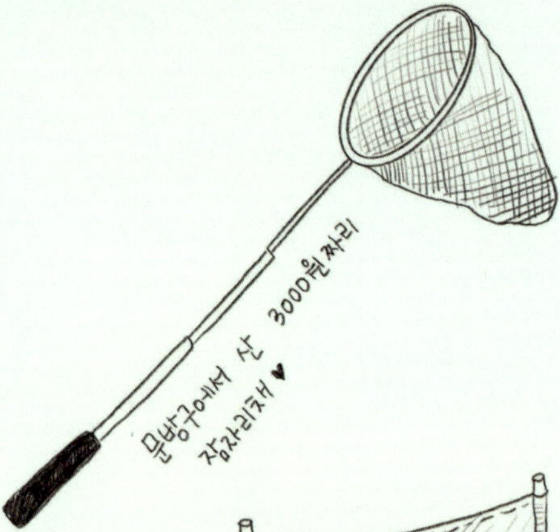

문방구에서 산 3000원짜리 잠자리채 ♥

문방구 채집통

일회용 투명컵

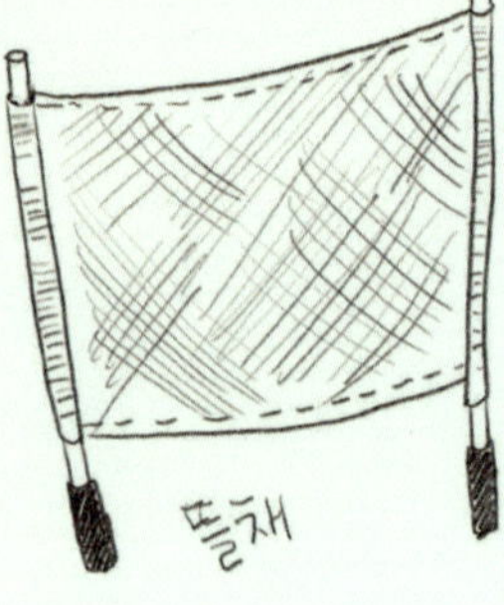

미니뜰채

뜰채

다마신 일회용컵

채집망

장난감 오래놀이 버킷

날이 좋아서 바닷가에 채집을 하러 갔다.
물때를 확인하고, 준비물을 챙긴다.
멋진 해산물을 관찰하고 채집하는 신나는 시간!

바닷속 작은 생물

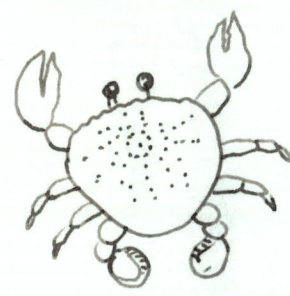

모래게(모살김이)
바닷가 모래 속에 숨어 살며
모래와 매우 비슷한 색을 띠고 있다.
집에 가져와 튀겨 먹었다.

이름 모를 작은 물고기.
잡아서 관찰하고 놓아주었다.

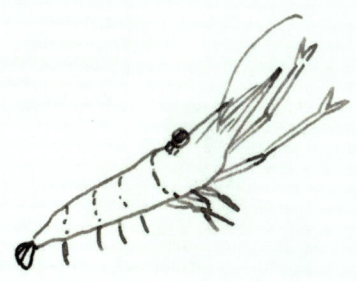

참새우(아마도?)
제주 바닷가 얕은 물가의 바위 아래에서
자주 보인다. 잡는 재미가 쏠쏠한데
실컷 잡고 놓아주고 왔다.

수국의 계절

수국의 색이 이렇게 다양한지
제주에 와서 처음 알았다.

수국은 토양의 성질에 따라
여러 가지 색으로 꽃이 피는데,
산성일 때는 파란 계열
알칼리성일 때는 붉은 계열이다.

수국이 피기 시작하면
곧 뜨거운 여름이 시작된다는 뜻.

가지각색 조개껍데기

제주에 바닷가는 많지만
조개껍데기를 주울 만한 해변은 많지 않은데,
자주 안 가본 해변을 산책하다가
예쁜 조개껍데기를 많이 주워 왔다.

꼭 물놀이를 하지 않고
이렇게 바닷가를 걷고 구경하는 것도 참 좋다.

tip 사계해변, 중문해변, 우도 서빈백사 해변,
함덕 해수욕장 광치기 해변에
가지각색 조개껍데기가 특히 많다.

#07

작은 팔레트 모으기

귀여운 붓 받침을 모으면서
덩달아 사 모으게 된 미니 팔레트들.

물감보다 팔레트 욕심이 더 커서 큰일이지만
모아놓고 보면 정말 뿌듯하고 행복하다.

그림 완성 사진을 찍을 때
소품으로 활용하기에도 좋아서
앞으로도 팔레트 수집을 멈출 수 없을 것 같다.

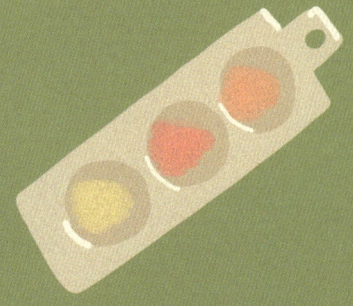

새로운 도넛 맛집

나의 원픽이던 랜디스 도넛에
사람이 너무 많이 몰리면서
다른 도넛 가게를 찾아다니길 한참.

조금 거리가 멀지만 드디어!
맘에 꼭 드는 도넛 맛집을 발견했다.

한 번 갈 때 두 박스씩 사 와서
냉동실 가득 쟁여놓으면 한동안 맘이 든든하다.

6월의 그려보기 스케치 없이 쌓아서 그리는 법

스케치 없이 그림을 그려볼까요?
선과 면의 표현 방식은 크게 다르지 않습니다.
색을 채우냐, 아니면 채우지 않고 선으로 남기냐의 차이일 뿐이지요.
어렵게 생각하지 말고 차근차근 따라해보세요!

그림 구상하기
거품 가득한 생맥주

진행 순서

① 덩어리 크기 정하기

② 도형화하기

③ 쌓는 구조 생각하기

그려보기

이 방식에 익숙해지면 ☐ + ◯ 이처럼 도형이 합쳐진 형태도 한 번에 그릴 수 있어요.

Beer

행복을 주는 것들로 채워보기

여러분에게 행복을 주는 것들은 무엇인가요?
나만의 행복 리스트로 빈 곳을 자유롭게 채워보세요.
글로 적거나 그림으로 그려도 좋아요.

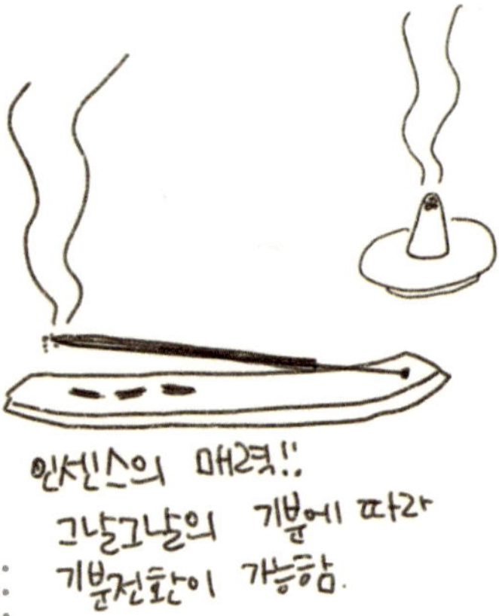

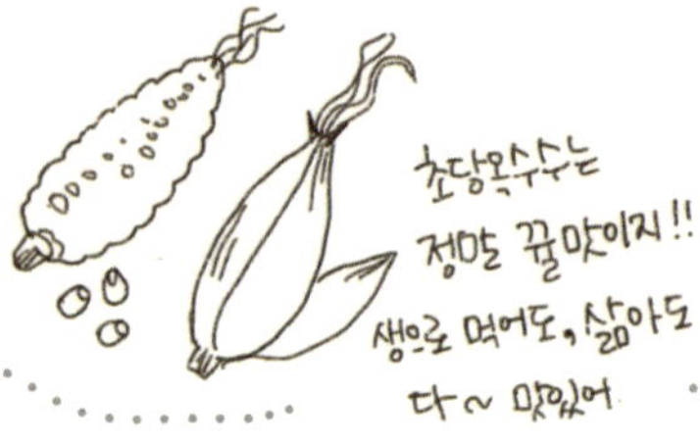

인센스의 매력!!
그날그날의 기분에 따라
기분전환이 가능함.

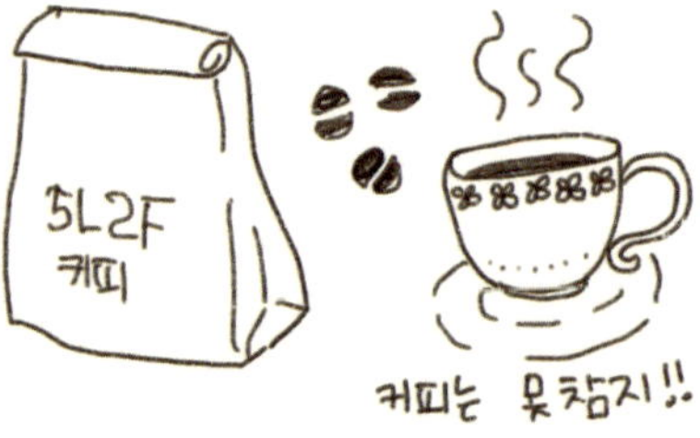

커피는 못참지!!

초당옥수수는
정말 꿀맛이지!!
생으로 먹어도, 삶아도
다~ 맛있어

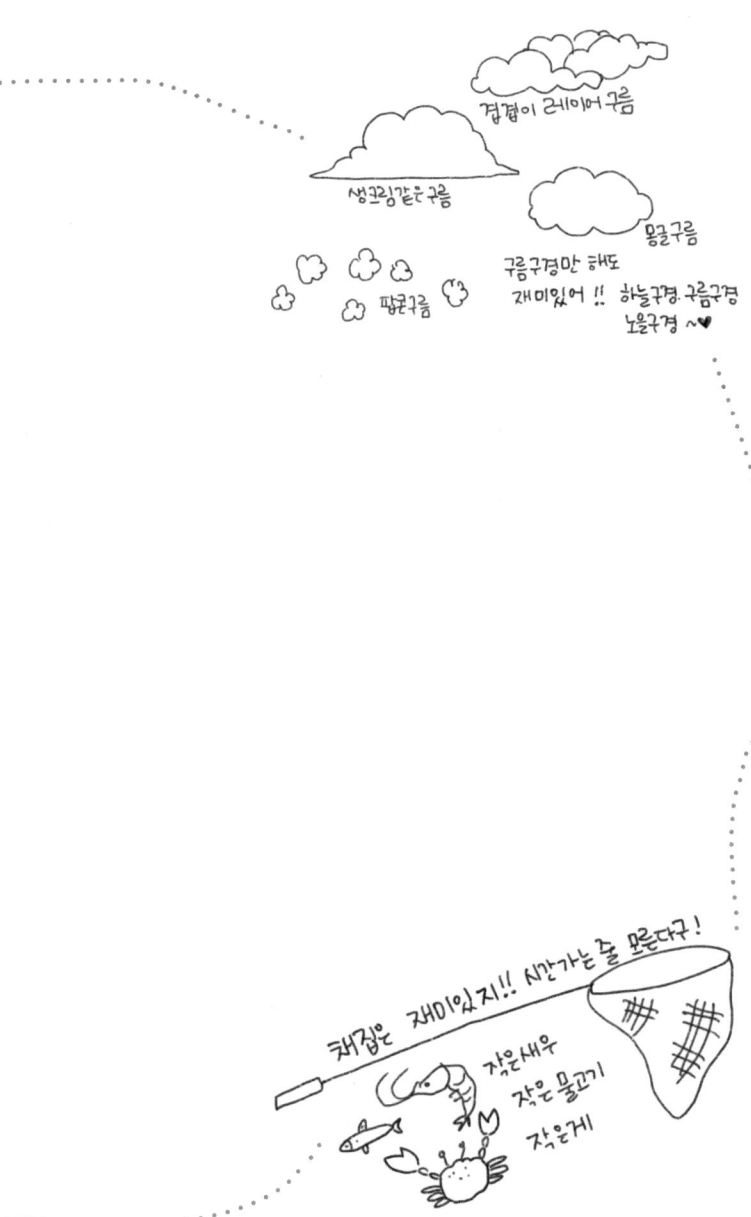

#7월
여름의 시작

불타는 여름이 시작됐다!
시원한 곳을 찾아 이곳저곳 다니며
즐거웠던 나날을 기록한다.

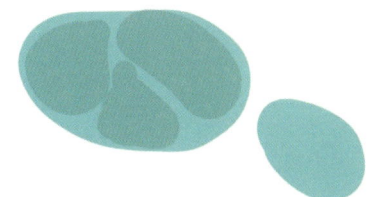

첫 스노클링

물안경 끼고 아이들과 첫 스노클링을 했던 이날을 평생 잊지 못할 것 같다.
비록 깊은 물에는 못 갔지만, 얕은 바다도 스노클링을 즐기는 데 충분했다.

제주의 얕은 물 속에는 반짝이는 흰 모래와 그 위를 걸어 다니는 작고 귀여운 게
그리고 알록달록하고 움직임이 재빠른 물고기가 가득했다.
그 풍경들을 따라다니며 구경하다 보면 서너 시간은 순식간에 사라져버린다.

내년에도 꼭 제주 바다에서 물놀이를 즐겨야지.

아마도, 텀블러 덕후

찬 음료를 잘 못 마시는 나는
따뜻한 음료를 오래 마실 수 있는
텀블러 모으기가 또 다른 취미.

일회용품 줄이고자 언제든 들고 다니게 되면서
텀블러에 더욱 관심이 간다.

세상에 예쁜 텀블러가 이렇게나 많다니!

텀블러 덕후 모여랏!

"사실 이것보다 더 많다는 것이 함정…"

놓칠 수 없는
여름 한정 음료들

단골 카페들은 커피 맛도 아주 좋지만
그 계절에만 먹을 수 있는 메뉴들도 매력적이다.

특히 습하고 뜨거운 제주의 여름에는
이런 시즌 한정 메뉴가 작은 행복을 만들어준다.

놓칠 수 없는 여름 음료를 소개하자면,
자두 음료인 자두리.

씨를 하나하나 빼서 아낌없이 갈아 넣은
수박 스무디.

황도, 백도를 통째로 갈아 만든
복숭아 스무디.

커피 덕후인데다
계절 음료들까지 맛있으니
내가 카페를 끊을 수가 있나.

더운 여름,
행복한 나날이다.

#04

TMI. 게임회사에 다니는 사람들은 모두
게임을 좋아할 거라고 생각하지만 그건 선입견!
게임 안 하는 사람도 많다는 사실.

게임 러버의 덕질

나는 온라인 게임회사에 다니지만
사실 콘솔 게임을 더 좋아한다.

콘솔 게임 중에서도 잔잔한 힐링물이나
시간 제약이 없는 오픈 월드 같은 게임류를 좋아하는데

그중 가장 좋아하는 타이틀은
'동물의 숲'과 '젤다의 전설' 시리즈.

채집을 워낙 좋아해서
게임에서도 채집과 수집을 즐기는 나.

커피계의 애플,
블루보틀에 가다

중문에 다녀오는 길에 우연히 '블루보틀'에 들렀다.

제주에 블루보틀이 생겼다는 소식은 들었지만
기나긴 대기 줄에 한동안은 꿈도 못 꾸겠다 싶었는데,
한 달 정도 지나니 확실히 대기가 줄어서 갈 만했다.

블루보틀에서 제일 유명하다는 메뉴를 주문해서 마셔보니
스타벅스에서 즐겨 마시는 바닐라크림 콜드브루와 맛이 비슷하다.
슴슴하고 밍밍한 거 좋아하는 내 입맛에 아주 딱!

굿즈도 하나 집어 왔는데 이정은 도예가님과의 콜라보 머그로
무게감이 좋아 손에 착착 감겼다.

블루보틀에서 맘에 드는 머그도 사고 맛있는 커피도 마시다니
오늘은 아주 운수 좋은 날이다.

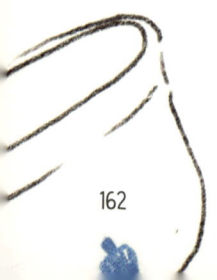

육지에서는 냉면?
제주에서는 물회!

비빔   회   평양

물

서울에 살 때는 여름이면 무조건 냉면을 찾아 나섰는데
제주살이 7년이 된 지금은 냉면보다 물회가 더 생각난다.

물회가 맛있다는 이유도 있지만
제주에 맛있는 냉면 가게가 별로 없어서일지도…!

바닷가 마을에 살면 점차 바다를 봐도 감흥이 없어진다고 하지만
나는 아직도 바다를 볼 때마다 참 좋다.

좋은 사람과 함께 일광욕을 즐기며 바다 구경을 해보자.
간단한 요깃거리와 돗자리만 있으면
어디서든 피크닉 분위기 연출이 가능하니까.

7월의 그려보기 <u>덩어리를 도형으로 보기</u>

사물을 덩어리로 표현하는 연습을 해볼까요?
좀 더 쉽게 입체감 있는 표현이 가능해질 거예요.

완성작

① 밑그림을 그려 대략적인 크기를 잡아요.

② 밑그림 안에 빵의 덩어리 형태를 도형으로 잡아요.

③ 빵의 형태를 스케치해요.

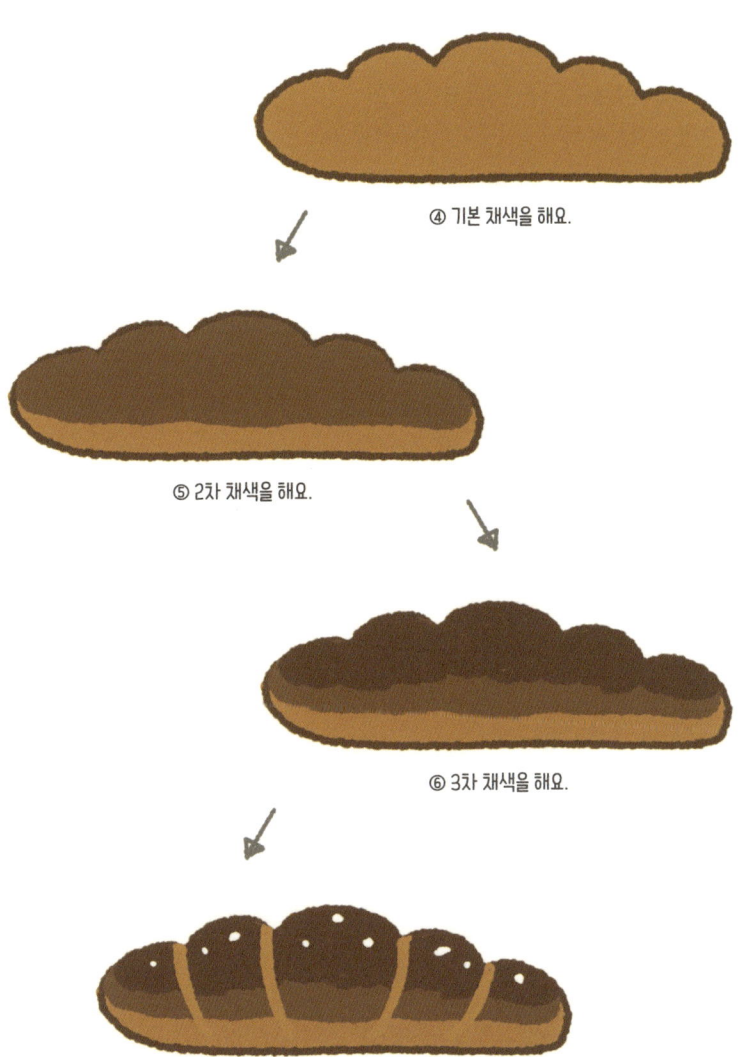

④ 기본 채색을 해요.

⑤ 2차 채색을 해요.

⑥ 3차 채색을 해요.

⑦ 마무리로 세부 묘사를 해주면 입체감 있는 그림이 완성돼요!

행복을 주는 것들로 채워보기

여러분에게 행복을 주는 것들은 무엇인가요?
나만의 행복 리스트로 빈 곳을 자유롭게 채워보세요.
글로 적거나 그림으로 그려도 좋아요.

스노클링 완전 신세계
나만의 스폿을 찾겠어!!

선풍기랑 부채 없으면
버티기 힘들지만 그래도
여름이라 좋다!!

블루보틀 거기가 머라고..
나도 가봤지~
커피 맛있드라...
근데 너무 멀어서
한 번이면 될 것 같드
핫플 도장깨기 성공~

텀블러 러버 ♥

제철과일 아낌없이
듬뿍넣어 만든 제철한정음료 ♥
                  애정합니다.

자두

수박

황도.백도.

#8월
덥거나 습하거나

더위와 습도와의 싸움인 8월.
고온다습한 기온에 자칫 지치기 쉽지만
그럴 때는 바다에 풍덩 빠져
시원하고 활기찬 여름을 보내자.

비와 바람의 합체

제주에 이사 온 첫해.
비 온다고 신나서 신고 나간 레인부츠에 물이 들어와 양말이 물에 흠뻑 불었고,
작고 귀여운 접이식 우산은 그만 운명을 다하고야 말았다.

그렇게 혹독한 첫 신고식을 치룬 이후로
레인부츠와 접이식 우산은 거들떠보지도 않고
비를 잘 막아줄 것 같은 튼튼한 비옷이 눈에 더 들어온다.

가로로 내리는 비 본 적 있니?

제주의 비바람은 정말이지 혹독하다.
서울에서 보던 얌전히 세로로 내리는 비는
기억에서 사라진 지 오래.

현관에는 튼튼한 살이 여러 개 붙어 있는
장우산이 놓여 있지만, 태풍에는 그마저도 무용지물.
비옷을 입어야 외출이 가능할 정도라면, 상상이 되려나.

#02

딱 한 달만 살 수 있는 풋귤

풋귤 또는 청귤이라고 부르는 덜 익은 귤.
일 년 중 딱 이맘때만 살 수 있는데
원래는 농가에서 솎아내기 이후 버리던 귤이라고 한다.

그러다 청귤청으로 입소문을 타면서
요즘은 익은 귤 못지않게 비싼 값에 팔리고 있다.
(상품성 떨어지는 청귤을 싼값에 파는 악덕 업주 조심!)

나는 8월이 되면 청귤청을 담그곤 하는데
청귤을 썰 때 온 집 안 가득 퍼지는 싱그러운 향이 참 좋다.

초록초록 겉껍질과 상반되는 노~란 속살은
보기만 해도 입에 침이 고인다.

청귤청 만들기

청귤(풋귤) + 설탕
1 : 1

소독한 유리병에 넣고
최소 3개월
또는 1~2년
숙성 후
냠냠

tip 어느 정도 숙성 후
건더기와 청을 분리해서
보관하면 더 깔끔하게 보관 가능.

#03

"가장 제주스러운"

파도가 높지 않은 제주에 가장 어울리는 스포츠, 패들보드.

'효리네 민박'에서 이효리가 타고 나와 널리 알려졌는데
나 역시 그 프로를 통해 패들보드를 알고 여름이면 종종 즐기게 됐다.

파도가 꼭 필요한 서핑보드와 다르게
패들보드는 보드 위에 앉거나 설 줄만 알면 남녀노소 누구나 쉽게 즐길 수 있다.

노을을 뒤로 하고 자연과 어우러져
바다에서 패들보드를 즐기는 사람들의 풍경은
한 폭의 그림을 보듯 정말 멋있다.

제주의 뜨거움

'제주' 하면 강렬한 햇볕을 빼놓을 수가 없는데
주변 사람들의 피부색을 보면
그가 외부 활동을 즐기는지 아닌지 바로 알 수 있다.

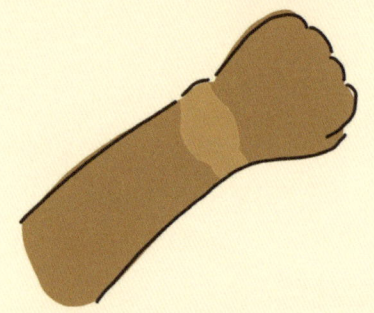

나 역시 제주의 태양 아래에서
열심히 논 덕분에,
지금은 햇볕에 그을려
까무잡잡한 피부가 되었다.

매년 여름이 되면
슬리퍼 자국이 발등에 선명하게 새겨진다.
내년 여름까지는 없어지려나.

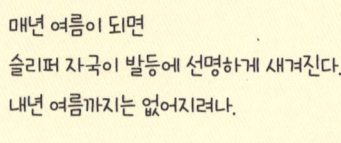

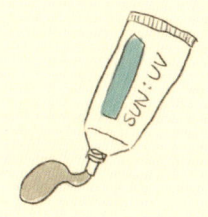

한여름에 반소매와 반바지 차림으로 놀러 온 관광객을 보면
걱정과 함께 안쓰러움이 밀려온다.

나도 예전에 제주에 놀러 왔을 때는 여행의 기쁨에 젖어
뜨거운 태양을 다 받아내며 멋을 부렸지만, 이제는 겪어봐서 잘 안다.

제주의 햇볕은 서울과 다르다!

꼼꼼하게 선크림 바르고 모자, 선글라스 등으로 무장하지 않으면
혹독한 쓰라림을 맛보게 될지도 모르니,
한여름에 제주를 방문할 계획이라면 자외선 대비를 잘할 것!

내 기준 맛집

제주도민 입맛 기준으로
자주 먹어도 질리지 않는 찐 맛집들!
관광지에 살면
너무 유명한 곳들은 거르게 되는데
그럼에도 좋아해서 종종 찾아가게 된다.

날개는 양보 못 한다!

좋아하는 치킨 부위를 물으면 보통 다리를 말할 텐데
나는 날개를 더 좋아한다.

다리보다 살이 얇고 부드러우며
씹었을 때 겉에 묻은 소스나 바삭한 껍질의 비율이 좋다.
남들과 치킨을 먹을 때 경쟁하지 않아도 된다는 이점도 있다.

그런데 요즘 딸들이 날개의 맛에 눈을 뜨면서
내가 먹을 날개가 부족해지고 경쟁이 치열해졌다….

얼죽! 더죽!

얼죽아는 가라! 난 더죽따란다~

나는 몸이 찬 편이라 여름에도 따뜻한 아메리카노를 마셔서
얼죽아를 외치는 주변 사람들을 놀라게 하곤 한다.

그렇지만 이열치열이라고,
과학적으로도 더울 때 따뜻한 것을 마시면
체온이 더 내려간다는 사실!

찬 음료를 먹으면 열은 잠시 가시지만
따뜻한 걸 먹어야 더위가 오래 가신다!

제주 밤바다의 또 다른 풍경

서울에 화려한 야경이 있다면
제주에는 한치 배의 불빛이
바다와 아름답게 어우러지는 밤 풍경이 있다.

밤이 유독 어두운 제주이지만
한치 철이 되면 검은 바다의 수평선을 수놓은
엄청난 수의 한치 배들로
도시 야경 못지않은 화려한 풍경이 펼쳐진다.

8월의 그려보기 밑그림 없이 덩어리 그리기

그림을 도형으로 보는 것에 익숙해졌다면,
이제 밑그림 없이 바로 그리는 연습을 해보세요.
레이어 구조를 이해하고 채색하면 그림 그리기가 훨씬 쉬워집니다.

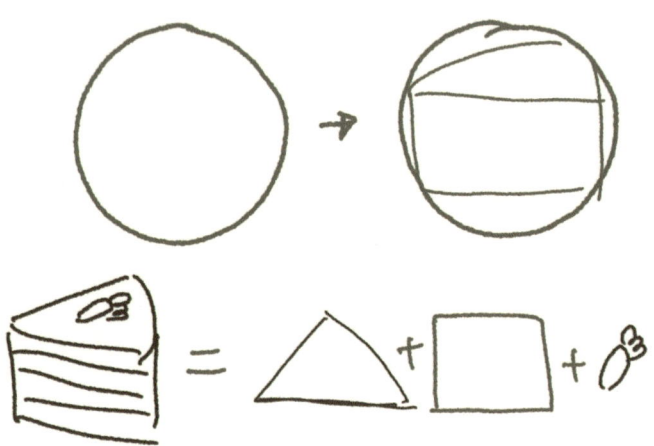

위의 과정을 밑그림을 그리지 않고도
머릿속으로 떠올리며 그리는 연습을 해보세요.

연한 색을 사용할 때는
외곽선을 살짝 둘러주면 좋아요.

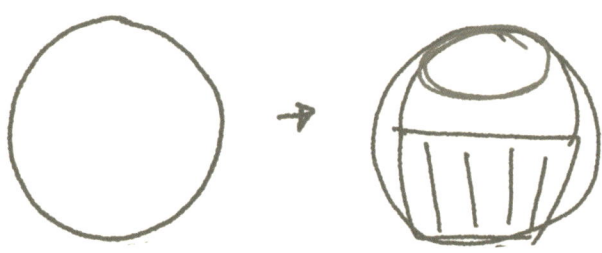

대략의 덩어리와 형태를 스케치해놓고
채색할 부분을 머릿속에 떠올리면서
한 층씩 쌓듯이 그리는 연습도 해보세요.

행복을 주는 것들로 채워보기

여러분에게 행복을 주는 것들은 무엇인가요?
나만의 행복 리스트로 빈 곳을 자유롭게 채워보세요.
글로 적거나 그림으로 그려도 좋아요.

예전에는
싫었지만...
지금은 비오는날의
제주 풍경이 좋다.

세모제주
주먹밥 사들고 바닷가로
소풍가면 최고지!!

더죽따(더워 죽어도 따뜻한 아메리카노)
이지만...
한달만 변심할게~
아이스아메리카노 ~♥

청물세존엔
청귤청을 만들어야지!!
겨울에 탄산수에 타먹을 생각에
두근두근 ♥ 기대된다.

이렇게 더운날엔
시원 칼칼 새콤한 물회 한 그릇이
간절하다... 꿀꺽!!

#9월

뜨거운 안녕

타는 듯한 더위가 한풀 꺾이고
제법 선선한 바람이 분다.
얇은 겉옷을 꼭 챙겨야 하는 시기.

#01

매력 만점 독립서점

베스트셀러 위주로 꾸며진 대형 서점과 달리,
독립서점은 주인의 취향에 따라 선별된 책이 위주여서
좀 더 재미있고 흥미로운 시간을 보낼 수 있다.

오직 독립서점에서만 볼 수 있는 책들도 있어서
아직 못 가본 제주의 독립서점들이 궁금하다.

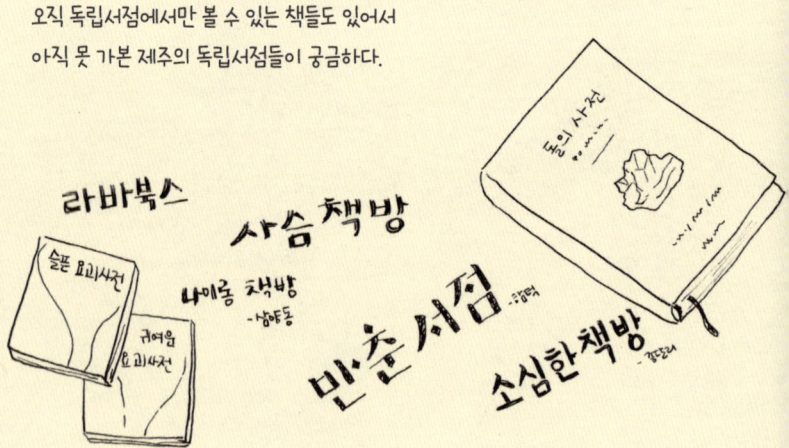

책은 역시 종이책이지

나는 책을 참 좋아한다. 취미가 많아서 실용서도 많이 보고
추리 소설과 판타지 소설을 좋아해서 소설책도 많다.

좋아하는 책들 대부분이 권수가 많거나 두께가 꽤나 있다 보니
들고 다니기에 무게가 만만치 않아 이북 리더기를 가지고 다닌다.

눈으로 내용을 좇고 손으로 다음 장을 넘길 준비를 미리 한다.
한 장 한 장 넘기며 읽는 것이 종이책의 매력이라면,
무게와 짐을 줄일 수 있으면서 책을 즐기기에는 이북 리더기도
참 좋은 도구이다.

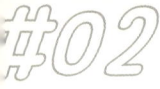

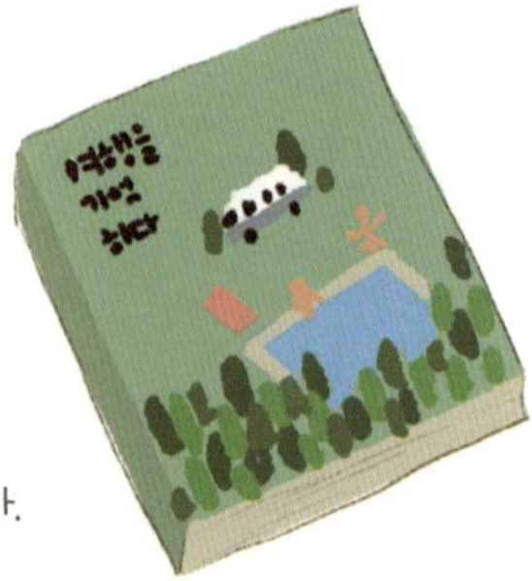

독립서점 투어

제주에 카페만큼 많은 가게가 독립서점 아닐까.
어딜 가도 분위기와 느낌이 모두 다르다.
이곳저곳 다녀보며 내 취향에 맞는 서점을 찾아보는 재미가 쏠쏠하다.
생각지도 않았던 곳에서 선물 같은 책을 발견할지도 모른다.

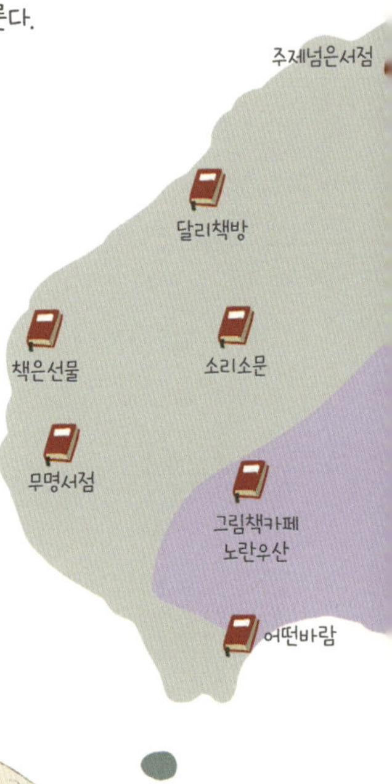
주제넘은서점
달리책방
책은선물
소리소문
무명서점
그림책카페
노란우산
어떤바람

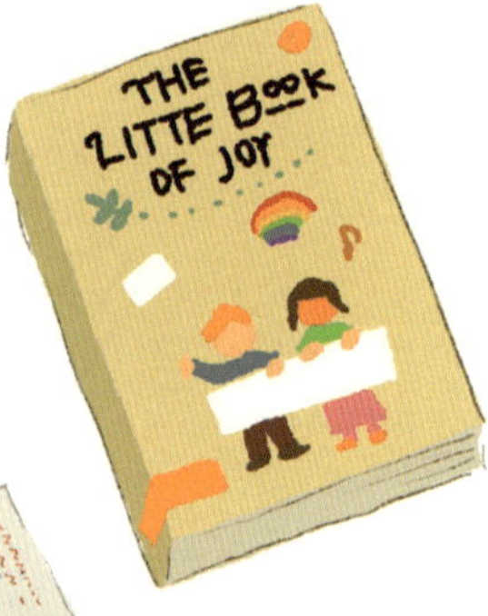
THE
LITTE BOOK
OF JOY

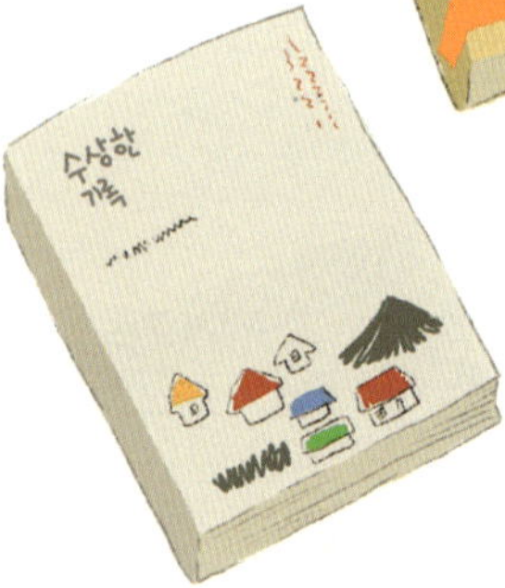
수상한
기록

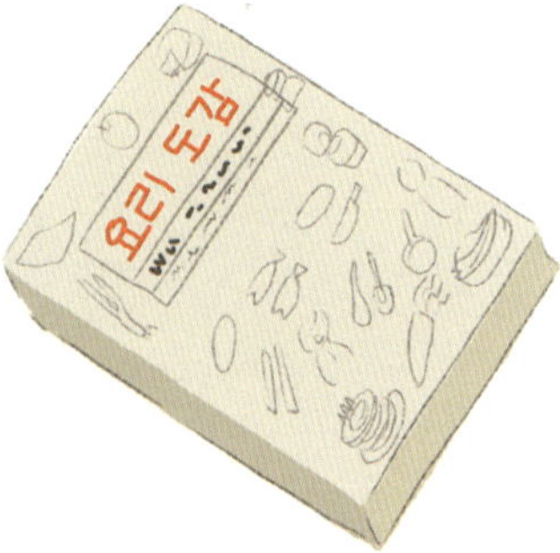
요리 도감

식욕의 계절

'가을' 하면 맛의 계절이 아닐까 한다.
나만 알고 있는 맛의 꿀 조합을 모두가 느껴보기를!

BEST PICK!!
쫄면 + 돈가스

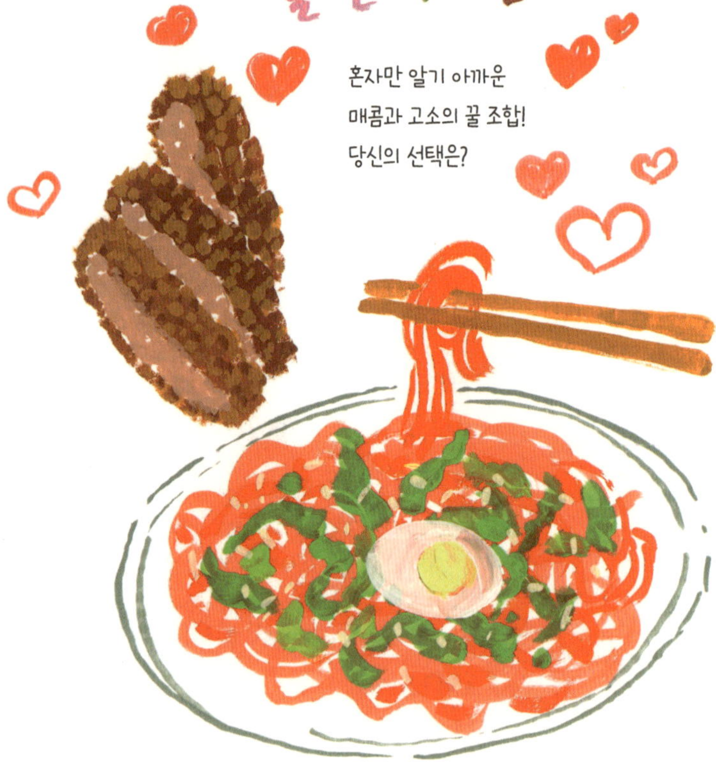

혼자만 알기 아까운
매콤과 고소의 꿀 조합!
당신의 선택은?

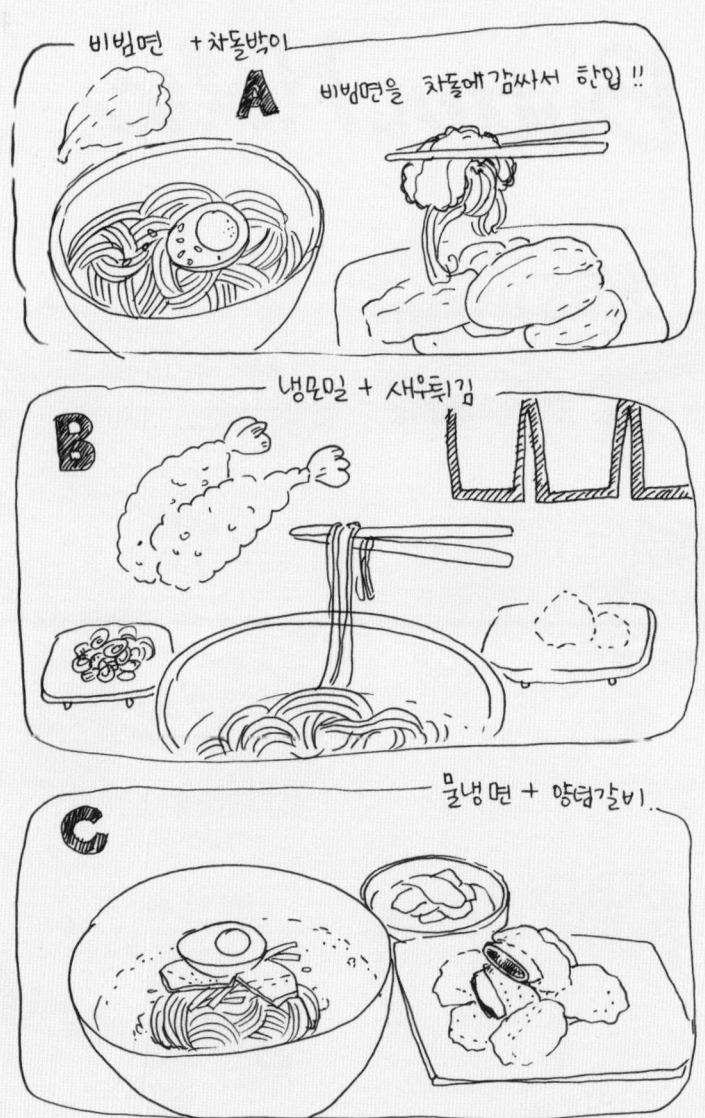

Butter Holic

프레지덩

이즈니

서울우유

엘르앤비르

앵커버터

루어팍

버터는 못 참지!

내가 커피만큼이나 좋아하는 것이 바로 버터!

베이킹을 하다 보니 이런저런 버터를 다양하게 경험하는데
하늘 아래 같은 버터는 없고
브랜드마다 맛과 향이 천차만별이다.

종류가 많은 만큼 쓰임도 제각각이다.
어떤 버터는 베이킹에 최적화되어 있고
어떤 버터는 빵에 발라 먹기 좋고, 혹은 요리에 잘 어울리고.

세상에 버터 종류가 다양해서
하나씩 정복해가는 보람이 있다.

🔖 빵을 좋아한다면 에쉬레 버터와
라꽁비에뜨 버터를 강력 추천!

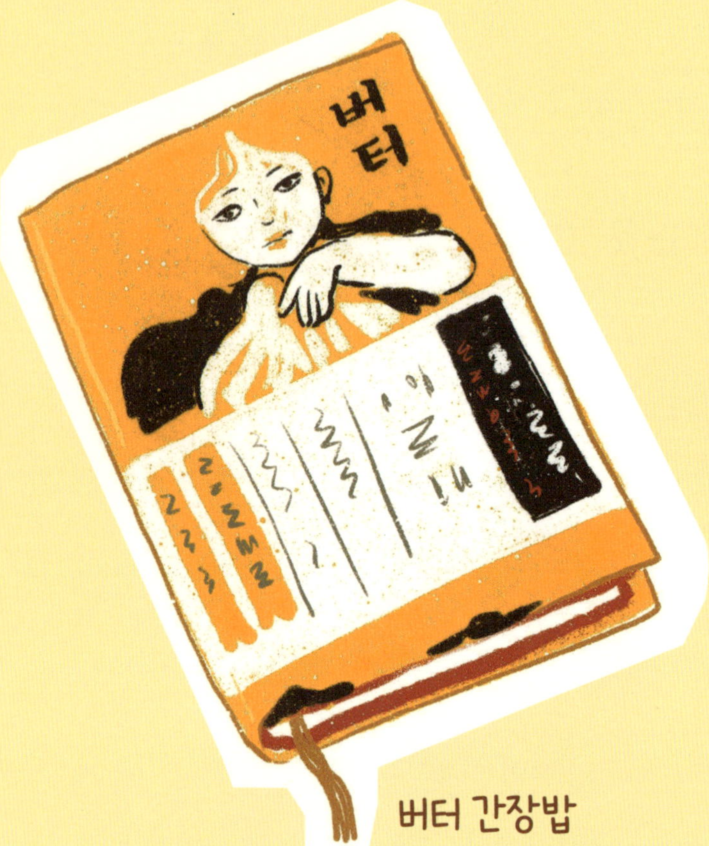

버터 간장밥

얼마 전 《버터》라는 제목의 책을 알게 됐는데
제목도 표지도 마음에 꼭 들어 바로 구매했다.

음식으로 사건의 실마리를 풀어나가는 소설인데
음식 표현을 어찌나 맛깔나게 하는지.

이 책에서 주인공이 처음으로 해 먹은 버터 요리는
바로 버터 간장밥이다.

마침 어제 사 온 고급 버터와 간장이 집에 있었고
지금 막 밥이 다 되었다고 밥솥이 울고 있어 나도 시도해보았다.

어느 정도 예상한 맛이긴 했지만,
갓 지은 밥에 버터와 간장의 조합은 정말인지… 최고였다!

이 맛에 빠져서 매끼 버터 간장밥을 해 먹고
몸무게가 훅 늘었다는 주인공이 바로 이해될 정도였으니까.

내가 가는 곳이 휴식처

햄버거가 먹고 싶었던 어느 날.

그날따라 시끌벅적한 매장 안에서
햄버거를 먹기가 싫었다.

캠핑용 테이블과 의자를 항상 차에 싣고 다니기 때문에
햄버거를 포장해서
아랫동네의 한적한 바닷가 근처에 자리 잡았다.

살짝 눅눅해진 감자튀김에
한 김 식은 햄버거,
거기다 얼음이 녹아서 조금 밍밍해진 콜라였지만,
그 어느 때보다 맛있게 느껴졌다.

제주에 사는 묘미란 바로 이런 게 아닐까?

제주에서 만나는 고양이

왠지 섬과 고양이는 참 잘 어울린다.
일본에 갔을 때 고양이가 참 많았는데, 제주에서도 고양이를 심심찮게 볼 수 있다.
돌담 위, 풀밭, 항구 공터 등등.
제주 곳곳에서 만나게 되는 고양이들을 기록해본다.

tip 제주에는 고양이를 만나볼 수 있는
장소가 의외로 많은데
카페나 관광지 등이 섞여 있으니
미리 충분히 검색해보고 가자.

굿나잇플리즈, 요요무문
브릭스제주
김녕미로공원
슬로보트
세화씨문방구
헛간더반스위트
스테이오조
커피타는 야옹이
더팻츠
바람
송당나무
루핀
게른

- 서쪽 (애월)
- 남부 (중문,서귀포)
- 동쪽 (한경,세화)
- 북부 (제주시)
- 우도
- 가파도

고양이는 귀여워

9월의 그려보기 <u>같은 그림으로 패턴 만들기</u>

작은 그림 그리기에 익숙해졌다면 패턴화하는 연습을 해보는 건 어떨까요?
복사해서 붙이기만 잘하면 이곳저곳에 유용하게 활용 가능한 나만의 패턴이 완성됩니다.

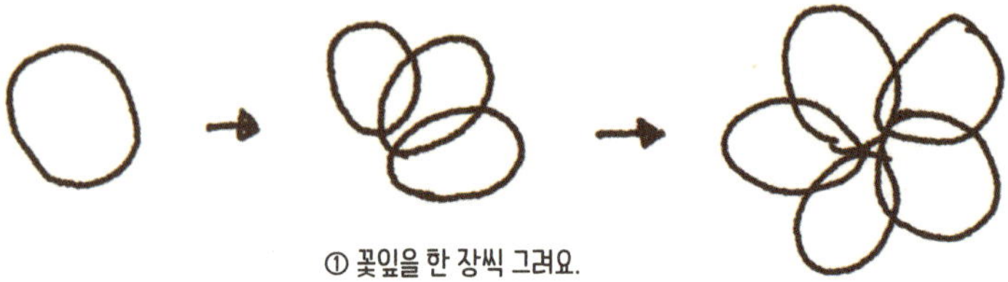

① 꽃잎을 한 장씩 그려요.

Tip 꽃잎 다섯 장을 바로 그리기 어렵다면
미리 선을 그어 자리 표시를 해두면 쉬워요.

② 꾸밈 요소를 추가해보세요.

③ 완성한 예쁜 그림을 패턴으로 만들어 사용할 수 있어요.

④ 그림들을 적당한 위치에 배치해요. 배경 색깔을 넣어도 좋아요.

행복을 주는 것들로 채워보기

여러분에게 행복을 주는 것들은 무엇인가요?
나만의 행복 리스트로 빈 곳을 자유롭게 채워보세요.
글로 적거나 그림으로 그려도 좋아요.

♥ 독립서점 ♥

꽁에 최애서점은
만춘서점,
소심한책방

돌의사전

라떼가 가장 맛있다

독립서점 구경은 너무 재밌다.
대형서점에서는 볼 수 없는 기상천외한
내용의 책들이 보물처럼 곳곳에
숨겨져 있어서 발견하는 재미가 쏠쏠하다.

고양이는
못 참지!!

산책 때 가방에 고양이 간식이랑
사료 챙겨가서 냥씨 만나면 챙겨주기

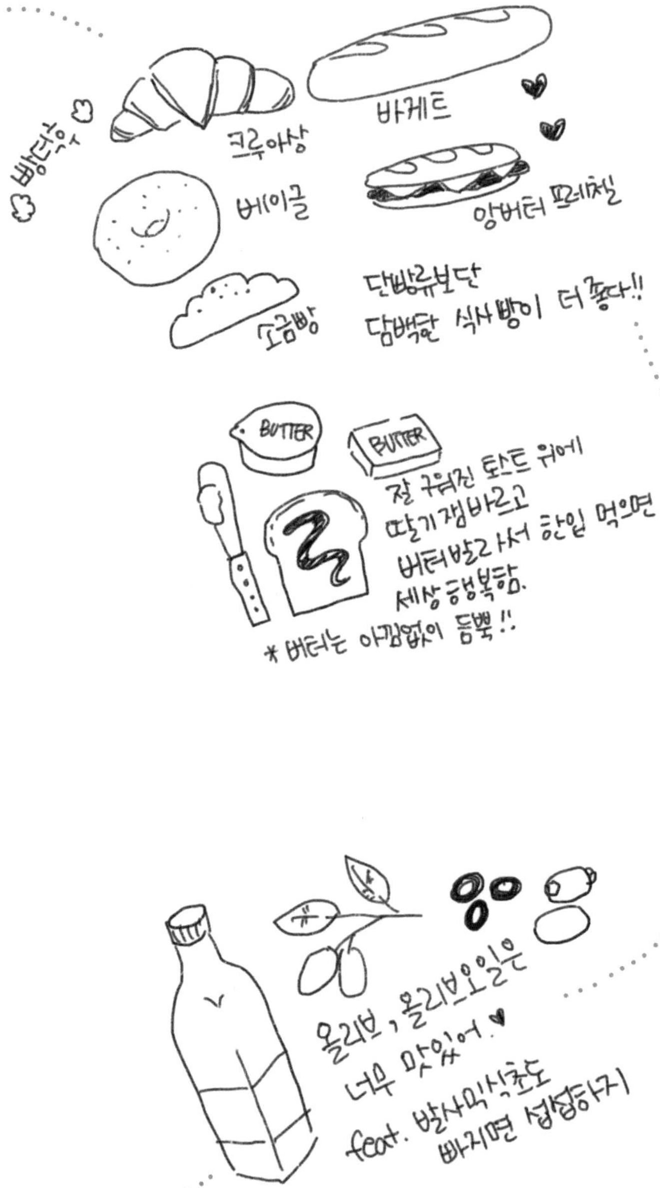

빵더럽 ♡
크루아상   바게트
베이글   앙버터 프레첼
소금빵

단빵류보단
담백한 식사빵이 더 좋다!!

잘 구워진 토스트 위에
딸기잼바르고
버터발라서 한입 먹으면
세상 둥복함.

* 버터는 아낌없이 듬뿍!!

올리브, 올리브오일은
너무 맛있어. ♥
feat. 발사믹식초도
빠지면 섭섭하지

제주 올레패스

걷기 좋은 10월에 제주 올레길을 걸어보는 건 어떨까?

예전보다는 인기가 덜하다지만
여전히 제주 올레길은 많은 사람에게 사랑받고 있다.

얼마 전에 '제주올레패스'가 있다는 걸 알았는데
재미있게도 여권처럼 코스별 스탬프란이 있었다.

코스마다 스탬프 디자인도 달라
스탬프 모으는 재미도 쏠쏠할 듯하다.

스탬프를 모두 찍으면 '서귀포 제주올레 여행자센터'에서
완주증을 받고 완주자 명당에 이름을 올릴 수 있다.

평소 산책할 때 올레길과 코스가 겹치곤 해서
제대로 걸어보려는 생각은 하지 않았는데
당장 매장에서 올레패스를 사 도전해봐야겠다.

#02

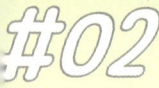

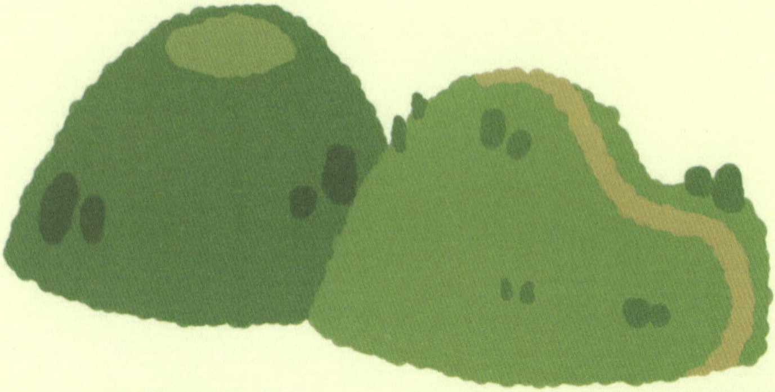

제주 필수 코스,
오름 투어!

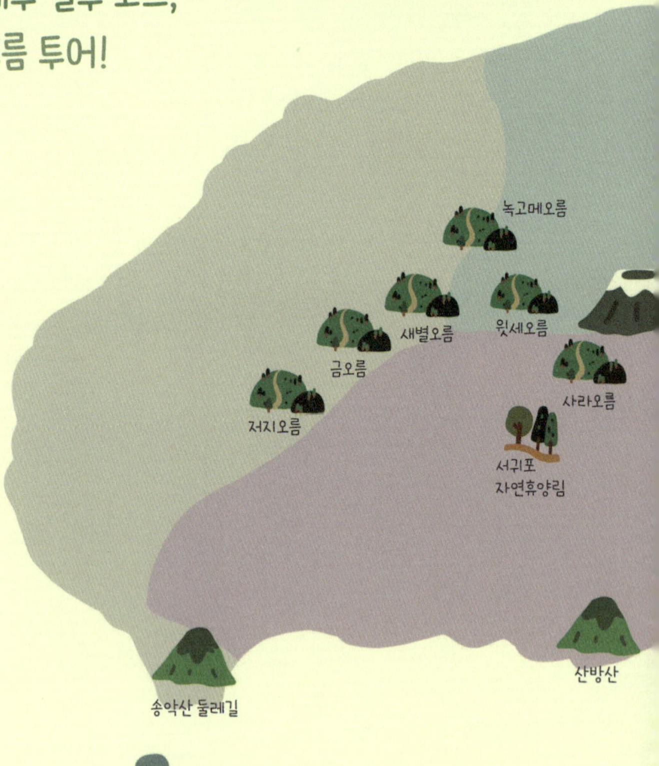
녹고메오름
새별오름
윗세오름
금오름
사라오름
저지오름
서귀포
자연휴양림
산방산
송악산 둘레길

제주에는 정말 아름다운 오름이 많은데
그중 내가 가보고 좋았던 오름들을 표시했다.
오름 옆에 둘레길이 있는 경우가 많으니
오름과 둘레길을 묶어서 가보는 것도 좋은 방법!

tip 오름은 동쪽에 더 많다.

- 서쪽 (애월)
- 남부 (중문, 서귀포)
- 동쪽 (함덕, 세화)
- 북부 (제주시)
- 우도
- 가파도

오름의 매력

육지에 산이 있다면 제주에는 오름이 있다.

내게는 산과 오름을 구분하는 나름의 차이가 있는데
산이 마음먹고 올라야 하는 곳이라면,
오름은 언제든 가고 싶을 때 가볍게 오를 수 있는 곳이다.

제주 오름에는 분지가 많은 편인데
그 점도 산과의 큰 차이일 것이다.

제주의 유명한 오름은 등산로 정비가 비교적 잘 되어 있어서
트레킹화나 전문적인 등산 장비가 없이도
운동화에 편안한 복장과 물이면 충분히 오를 수 있다.

그렇다고 무조건 만만하게 보는 건 금물!
내가 가본 오름 중에 가장 힘들었던 오름은 단연코 윗세오름,
그다음이 큰노꼬메오름이었는데,
같이 갔던 동료들과 "이게 무슨 오름이야!"를 연신 외치며 힘겹게 올랐다.

그럼에도 등산만큼 힘들지 않으면서
등산만큼의 성취감을 느낄 수 있는
오름의 매력은 상당하다.

tip 오름의 매력에 빠지고 읽게 된 《오름오름》.
제주 오름에 대한
거의 모든 정보가 총망라되어 있다.

제주살이 7년 차인 지금도
드라이브 중 만나는
말이 있는 풍경에
가슴 설렌다.

즐거운 결과를 가져오는
생각의 전환

한동안 팬케이크에 꽂혀서 주말 아침마다 팬케이크를 구웠다.
하루는 프라이팬에 굽는 게 지겨워져서 고민하다가
주방 구석에 잠자고 있던 타코야키 팬이 번쩍! 떠올랐다.

팬케이크 반죽을 만들고 비엔나소시지를 반으로 잘라
타코야키 굽는 방식을 응용해 비엔나 팬케이크를 구웠다.
완성된 팬케이크에는 메이플 시럽을 듬뿍 뿌린다.

굽는 과정도 재미있었지만
아이들도 무척 즐거워하며 맛있게 흡입했다.

항상 성공하는 건 아니지만 새로운 시도는 언제나 두근두근하다.
다음에는 여기에 뭘 구워 먹어볼까?

핫케이크 소시지 타코야키

우유
비엔나
오일
달걀
Pencake
팬케이크 믹스
시럽
타코야키 틀에 구우면 맛도 재미도 UP UP

억새

제주에서는 차를 타고 가는 길목마다
억새가 흐드러지게 많이도 피어 있다.

억새가 군락을 이룬 곳들을 보면 장관도 그런 장관이 없다.
쉴 새 없이 부는 바람에 억새의 황금물결이 황홀하게 출렁인다.

평지에서 보는 억새와 오름에 올라서 보는 억새 느낌이 다른데,
오르는 길목에서 억새도 보고
오름에 올라 제주 풍경도 볼 수 있어 일거양득!

tip 억새 명소로 유명한 오름은
동백과 억새 지도(264~265쪽)를 참고하자.

바다 풍경을 보고
신선한 바람을 느끼면서
자전거로 힘차게 달리는 시간.
하루의 피로가 싹~ 사라지는
마법 같은 순간.

10월의 그려보기 <u>눈높이에 따른 사물의 다른 모습</u>

사물은 눈높이에 따라 달라 보여요. 탑뷰와 쿼터뷰로 그림을 그려보세요.
같은 도넛이라도 보는 눈높이에 따라 다르게 표현할 수 있답니다.

덩어리 크기 잡기 (탑뷰 예시)

① 밑그림을 그려 덩어리 크기를 잡아요.

② 탑뷰에서 보이는 도넛의 모습을 옅게 그려요.

③ 그림 선 전체를 색깔로 칠해줘요.

④ 꾸밈 부분의 색깔을 올려요.

덩어리 크기 잡기 (쿼터뷰 예시)

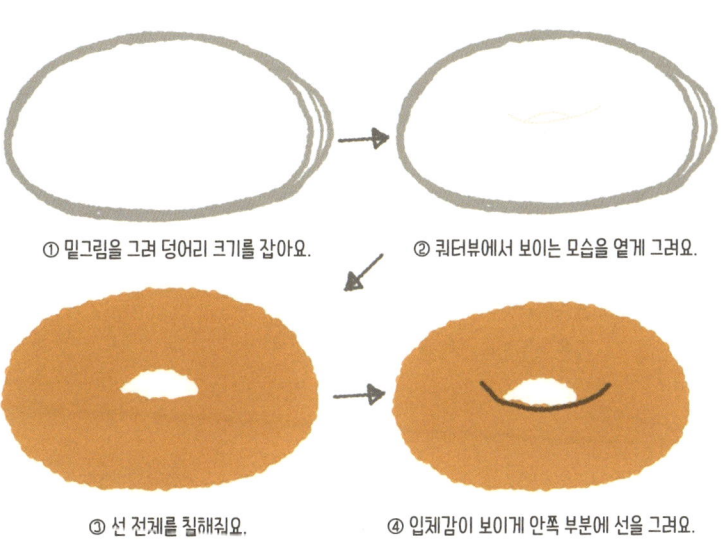

① 밑그림을 그려 덩어리 크기를 잡아요.
② 쿼터뷰에서 보이는 모습을 옅게 그려요.
③ 선 전체를 칠해줘요.
④ 입체감이 보이게 안쪽 부분에 선을 그려요.

💡 토핑까지 그려주면
더 실제 도넛 같아집니다!

행복을 주는 것들로 채워보기

여러분에게 행복을 주는 것들은 무엇인가요?
나만의 행복 리스트로 빈 곳을 자유롭게 채워보세요.
글로 적거나 그림으로 그려도 좋아요.

오름오르기 좋은 계절이다.
재작년에 사용앴던 오름책이 빛을 발하는 계절.

커피를 즐기기 좋은 계절이다.

이맘때 제주는 억새가 피기 시작한다. 억새 구경 가자!!

고소고소 곱창
막창 껍질
매콤 닭발
내장러버♥

… # #11월
혼자만의 시간이 좋을 때

적당히 찬바람과 따뜻한 바람이 번갈아 불어오는 계절.
혼자만의 시간을 즐기기 좋은 시기다.
조금 쓸쓸한 듯한 이 계절의 분위기를 만끽하자.

돌담에 귤이 주렁주렁 열렸더라

11월이면 본격적인 귤 출하 시기다.
나에게는 육지 친인척이나 지인들에게 귤 택배 보낼 시기가 왔다는 소리다.

제주에 살아서 좋은 이유가 수없이 많지만
노란 귤이 탐스럽게 주렁주렁 열려 있는 풍경도 빼놓을 수 없다.

귤꽃이 필 때는 꽃과 향기가 좋고
열매가 열릴 때는 또 얼마나 탐스러워 보이는지.

귤을 그리 좋아하지 않던 나는
제주에 살면서 전보다 귤을 많이 먹게 되었다.
손과 발이 노랗게 될 정도로 먹어야 귤 좀 먹었다~ 하는 거지!

겨울 캠핑의 꽃, 마시멜로 굽기

캠핑 가서 구워 먹는 마시멜로는
모든 캠퍼들의 로망 아닐까?

나는 특히나 마시멜로를
먹음직스럽게 잘 굽는 스킬을 보유한 탓에
마시멜로 굽기 담당을 도맡고 있다. (뿌듯)

노릇하게 구워지는 마시멜로에서
폴폴 나는 단내를 맡으면
마음도 몽글몽글해진다.

#03

캠핑을 더욱 즐겁게 하는
캠핑 장비들

삼대국수

올레국수

자매국수

제주 3대 고기국숫집

제주 향토 음식인 고기국수. 처음에는 약간 이상할 것 같은데
생각보다 구수하고 맛있어서 지금은 종종 사 먹는다.

제주 3대 국숫집으로 불리는 곳이 있다.
바로 올레국수, 삼대국수(삼대회관), 자매국수이다.

삼대국수는 내가 가장 자주 찾는 곳인데
개인적으로 국수보다 국밥을 더 추천!
돼지국밥을 좋아한다면 만족할 만한 맛이다.

자매국수는 고기국수보다 비빔국수가 더 맛있고
올레국수는 아직 가보진 않았는데
최근에 떠오르는 핫한 국숫집이다.

제주 3대 김밥 ??

제주에 사는 동안 운 좋게도 유명하다는 김밥집의 김밥을 다 먹어봤다.

오는정김밥집도 맛있지만 내 기준에 계속 먹고 싶고
질리지 않았던 김밥은 다가미김밥집의 김밥이었다.
그중 유명한 메뉴는 화우쌈 김밥인데,
김밥이 너~무 커서 위생장갑을 끼고 먹어야 한다.
쌈 싸 먹는 기분!

다른 김밥도 맛있지만 내 최애픽은 버섯김밥이다.
쫄깃쫄깃한 버섯이 꼭 고기를 씹는 듯한 느낌이고 짭조름한 양념과
고소한 마요네즈가 입안에서 어우러지는 맛이 정말 일품이다!

tip 제주에는 3대 김밥으로 오는정, 다가미, 엉클통을 꼽기도 하고
다정이네, 제주 김만복, 새우리 등을 3대 김밥집으로 꼽기도 한다.
여기서는 내가 좋아하는
오는정, 다가미, 제주 김만복, 새우리를 소개한다.
하나도 뺄 수가 없어 3대 김밥집이 아니라,
4대 김밥집이 되어버렸지만.

다가미 PICK ★
"화우쌈김밥"
버섯김밥도 맛있음

제주 김만복

새우리

오는정

#06

귀한 간식
"밤조림"

영화 〈리틀 포레스트〉에도 나오고
요리 좋아하는 사람이라면 한 번쯤 도전해봤을 밤조림.

만드는 과정이 꽤나 번거로워서
나도 섣불리 시도하지 못했는데,
며칠 전 친한 동생이 직접 만든 밤조림을 주고 갔다.

달콤하고 고소한 밤조림 하나를 입에 넣고 먹다가
쌉싸름한 커피 한 모금.
역시 시간과 정성을 들인 음식은 맛있다.

내년에는 나도 귀차니즘을 이기고 밤조림을 만들어봐야겠다.

개성 넘치는 개인 카페들

제주에는 개성 넘치는 개인 카페가 참 많다.
인테리어도 커피 맛도 제각각이라서
카페 투어만을 위해 여행 오는 사람도 많다.

커피 맛을 잘 모르던 나도 커피 맛집들을 다니다 보니
어느 순간 커피의 산미를 즐길 줄 아는 혀를 장착하게 됐다.

무조건 1일 1커피 해야 하는 커피 중독자로서
자주 가는 단골 카페에서 원두를 구매해놓고
집에서도 즐기고 있다.

11월의 그려보기   좀 더 복잡한 그림도 그려보세요

지금까지 실습한 방법으로 살짝 복잡한 그림에도 도전해보세요.
컵의 동그란 윗면은 쿼터뷰로, 컵 받침과 만나는 아랫면은 평면으로 그리기도 해요.
투시에 구애받지 않고 편한 방법으로 표현해보세요!

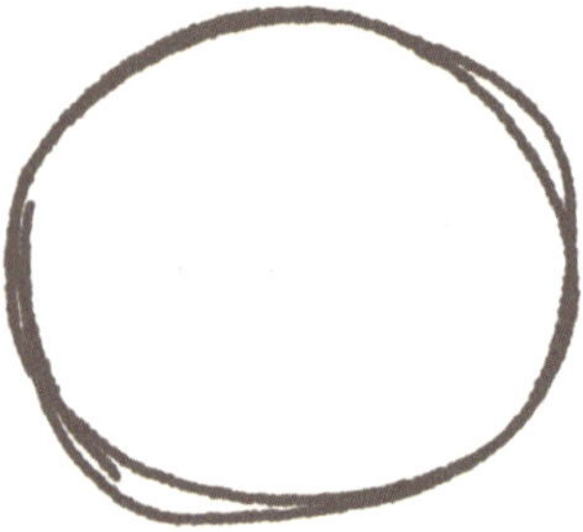

① 덩어리를 옅게 그려 그림 크기를 잡아요.

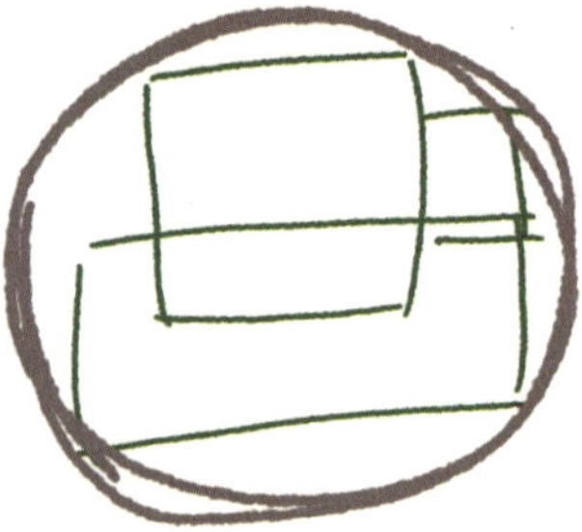

② 덩어리 안에 도형(사각형)으로 해석한 밑그림을 옅게 그려요.

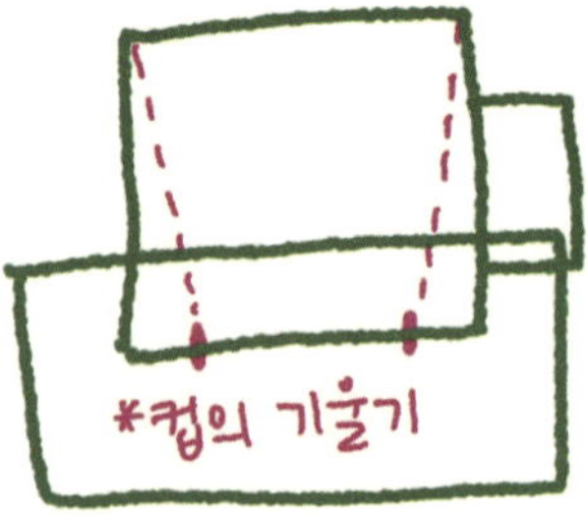

*컵의 기울기

③ 컵의 기울기를 살짝 표시해요.

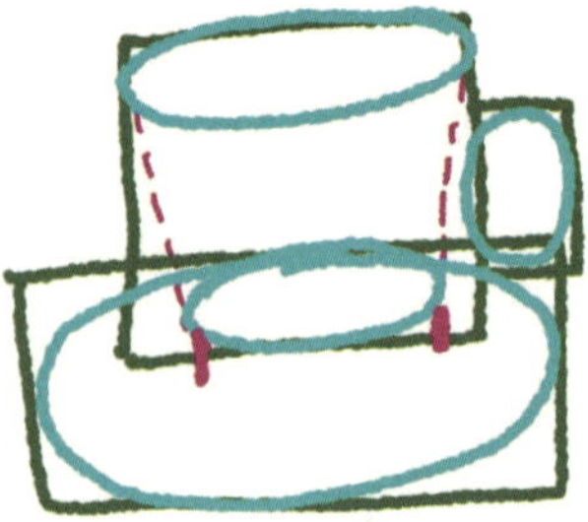

④ 원형으로 보이는 곳들에 밑그림으로 도형을 그려줘요.

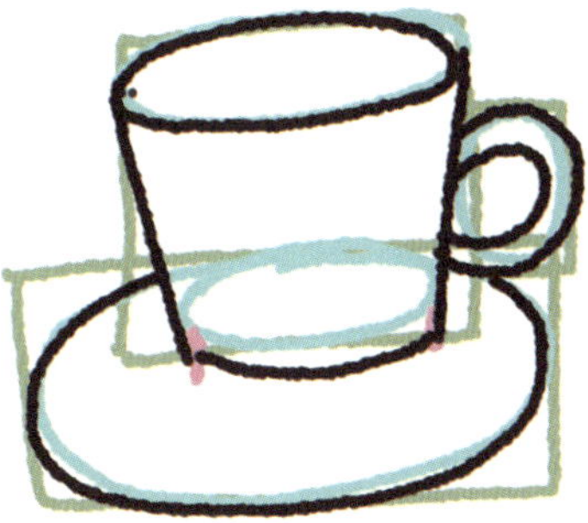

⑤ 밑그림 위에 스케치를 해요.

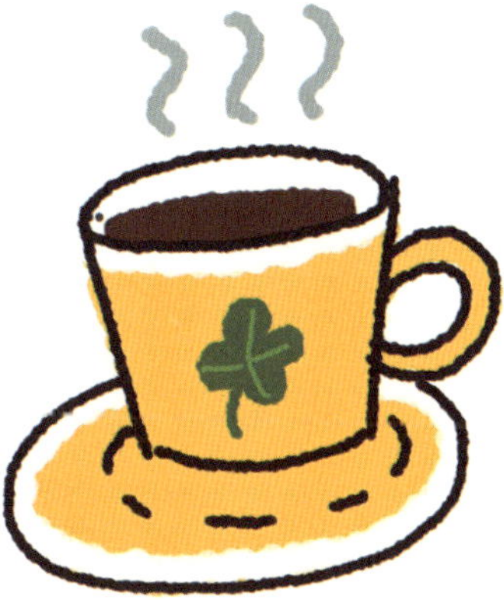

⑥ 채색을 하고 꾸밈 요소를
추가하면 완성!

tip 컵 모양을 다양하게 응용해보세요. 직선이나 원형 모양으로도 컵을 그릴 수 있어요.

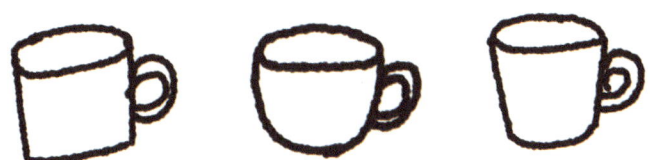

행복을 주는 것들로 채워보기

여러분에게 행복을 주는 것들은 무엇인가요?
나만의 행복 리스트로 빈 곳을 자유롭게 채워보세요.
글로 적거나 그림으로 그려도 좋아요.

11월의 제주는 식당, 집 어딜 가도 귤천지~♥

오는정 김밥도 맛있고
새우리김밥도 맛있고
제주 김밥은 튀긴유부를 넣어서 고소하고 씹히는 맛이 좋다.

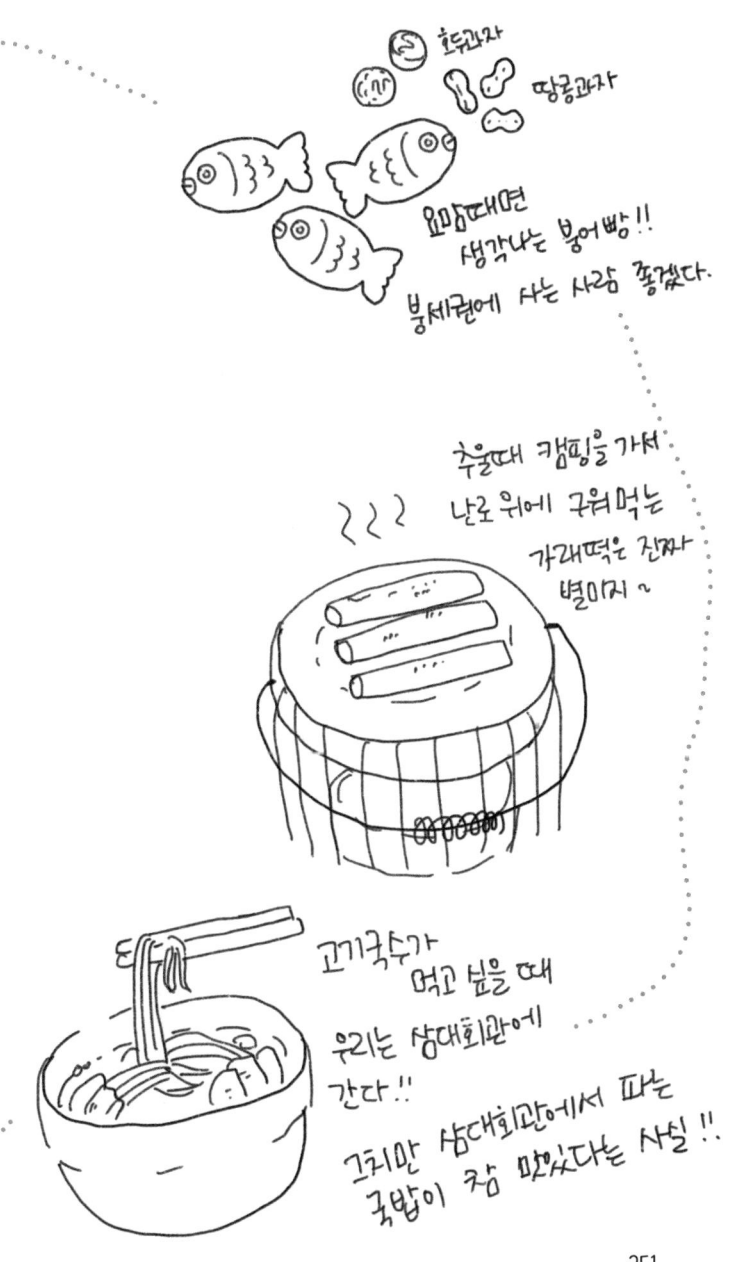

제주의 눈

제주에는 원래 눈이 잘 내리지 않는다고 하는데
내가 제주에 온 이후로는 매년 폭설이 내린다.

따뜻한 제주에는 눈이 잘 쌓이지 않지만
중산간에 올라가면 입이 떡 벌어질 만큼 멋진 설경을 구경할 수 있다.

올해는 언제 첫눈이 내려줄까.

제주에는
크리스마스가 없다?!

제주에 크리스마스가 없다니,
제목이 다소 과격해 보일 수도 있는데 적어도 나에게는 그랬다.

서울에서 살 때는 12월 초만 되어도
전철역, 쇼핑몰, 거리 곳곳에 크리스마스 장식이 세워져서
'아! 이제 곧 크리스마스구나'라는 실감이 났다.

반면 제주에서는 크리스마스 분위기를 느낄 만한 곳이 별로 없다.
전철역이나 대형 쇼핑몰이 없어서 더 그런 걸까.

유일하게 내가 제주에서 크리스마스를 느꼈을 때가
출근길 사거리에 있는 한 회사 간판에서
크리스마스 장식물을 보았을 때다.

제주 생활은 언제나 좋지만
백화점의 화려한 대형 트리가 가끔은 그리워진다.

빵지순례 지도

빵 좋아하는 사람이라면 한 번쯤 들어봤을 법한 제주의 유명 빵집들.
그중에서도 개인적인 취향이 가득 담긴 지도다.
알던 곳이면 아는 맛이라 또 가고, 몰랐던 곳이면 가서 맛보면서
나만의 취향이 가득 담긴 빵지순례 지도를 작성했다.

랜디스도넛

이익새
양과자점

미쁜제과

오또도넛

세피베이글
아베베
오드랑 베이커리
보엠
제주빵집
빵글
송당의 아침

시스터필드   채점석베이커리
                오또도넛
겹겹의 의도

🟢 서쪽 (애월)   ⚫ 우도
🟣 남부 (효율.서귀포)   🟢 가파도
🟪 동쪽 (월정.세화)
🟩 북부 (제주시)

빵순이의 행복

집에서 도보로 10분 거리에 빵집이 생겼다.
시오빵, 크루아상, 앙버터, 페이스트리 식빵 등 맛있는 빵이 한가득!
전국에서 빵지순례를 올 정도로 제주에 유명한 빵집이 많은데, 이곳에서는
이동 시간이 30분 이상이면 멀다고 생각해서 먼 곳에 있는 빵집을 가기가 쉽지 않다.

그런 와중에 집 근처에 빵집이 생기다니!
1일 1빵러는 오늘도 행복하다.

설경 최고봉, 겨울의 한라산

여름에 푸릇푸릇한 한라산을 본 이후로
겨울의 풍경이 궁금해졌다.
올해에야말로 눈으로 덮인 설경을 보러
겨울의 한라산을 찾아야지.

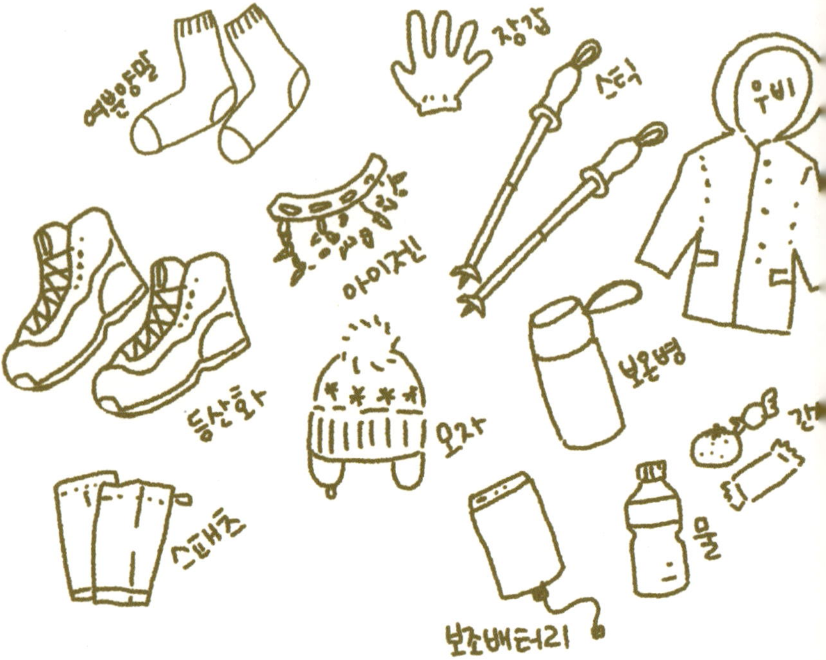

겨울 한라산 등반 장비들

한라산은 코스 정비가 워낙 잘 되어 있는 곳이지만
눈이 오면 매우 미끄러워서 아이젠은 필수 중의 필수.
체온 유지를 위해 두꺼운 옷보다는 얇은 옷을 여러 겹 입는 것이 좋고
체중을 분산시켜주는 스틱과 눈에 바짓단이 젖지 않도록 스패츠도 준비한다.

마지막으로 입산 통제 시간과 날씨를 체크하고
체력이 떨어졌을 때를 대비해서 간단한 간식과 물, 보조배터리도 준비한다.

만일을 대비해서 꼼꼼하게 정비하고 마음껏 겨울의 한라산을 즐기고 와야지!

애정하는 캠핑장 겸 숙소

제주살이하며 찾아낸 숙소, 어라운드 폴리.
캠핑장으로 종종 이용하는 곳이지만 이곳의 숙소도 정말 매력적이다.
조금 특이한 외관도 좋고 캠핑 감성 가득한 내부도 멋지다.

저녁에 피워놓는 캠프파이어는 그야말로 화룡점정!

동백과 억새 명소

제주는 겨울이 되면 동백과 억새가 볼 만하다.
그중 동백은 제주에서 벚꽃만큼 쉽게 볼 수 있는 꽃이다.
동백 군락지 중에서 가장 유명한 곳은 단연 위미리!
혹독한 추위에 빨간 꽃망울 활짝 터트린 동백꽃을 보는 건
겨울의 또 다른 묘미 아닐까.

차귀도

아름답고 유용한 동백

제주에 오기 전까지 나는 동백꽃이 죄다 빨간색인 줄 알았다.
회사 앞에도 노란 동백이 흐드러지게 피어 있었는데도 말이다.
동백은 꽃도 예쁘지만 향도 좋고
그 열매를 기름을 짜서 먹거나 몸과 머리카락에 바르기도 한다.
심지어 동백오일에는 천연 자외선 차단 기능도 있다고 하니,
놀랍도록 예쁘고 유익한 동백이다.

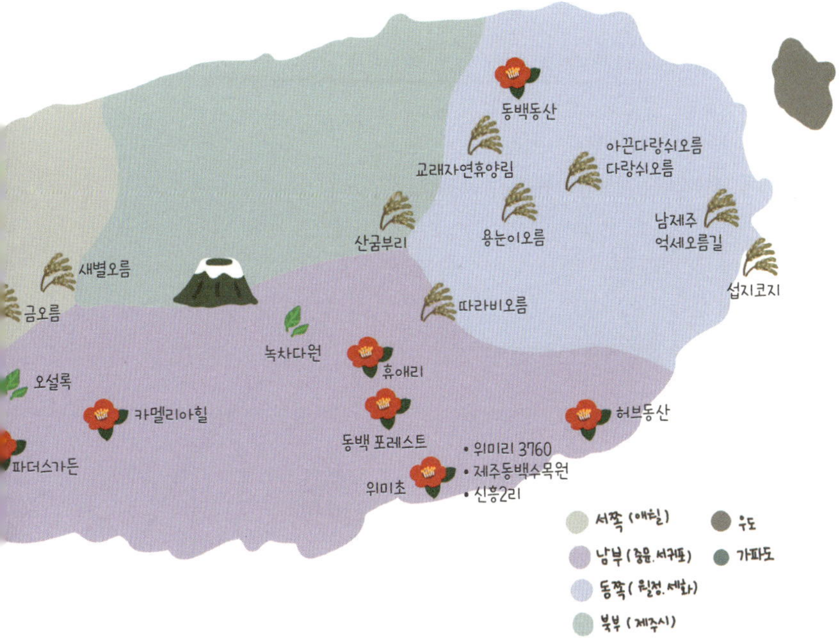

- 동백동산
- 아끈다랑쉬오름
- 다랑쉬오름
- 교래자연휴양림
- 산굼부리
- 용눈이오름
- 남제주 억새오름길
- 새별오름
- 따라비오름
- 섭지코지
- 금오름
- 녹차다원
- 휴애리
- 오설록
- 카멜리아힐
- 허브동산
- 동백 포레스트
- 위미리 3760
- 제주동백수목원
- 파더스가든
- 위미초
- 신흥2리

- 서쪽 (애월)
- 우도
- 남부 (중문, 서귀포)
- 가파도
- 동쪽 (함덕, 세화)
- 북부 (제주시)

겨울맞이 연례행사

날이 제법 쌀쌀해지면서 뜨개질 생각이 나기 시작한다면
겨울이 왔다는 신호다.
나의 많은 취미 중 하나인 뜨개질은
매년 빼놓지 않는 겨울맞이 연례행사인 셈이다.

초보일 때는 주로 모자나 장갑을 떴는데
점점 실력이 늘면서 메인이 옷 뜨기
그다음이 소품 뜨기가 되었다.

손뜨개를 좋아하는 가장 큰 이유는
포실포실한 실을 잡고 편물을 한 땀 한 땀
떠 나가는 그 과정 자체가 힐링이 되고
완성한 후에는 성취감이 엄청나기 때문이다.

겨울 취미를 찾고 있다면
당장 실과 바늘을 사자.
유튜브에는 훌륭한 선생님이 많으니까!

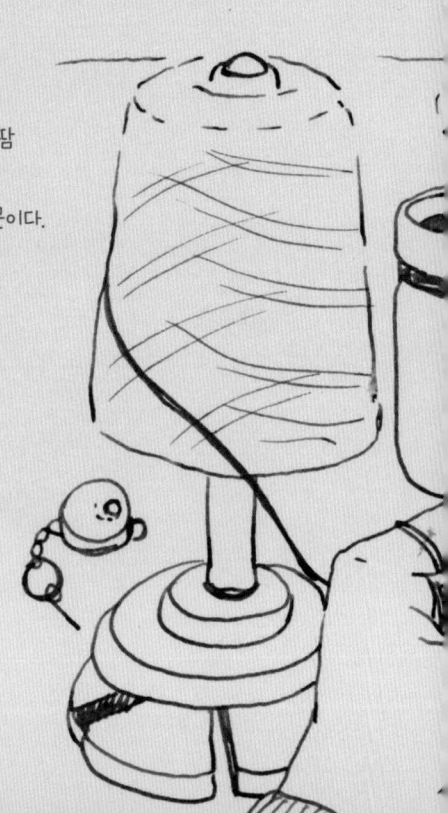

한겨울에 집에서 만나는 소소한 즐거움

캐스트온, 또 하나의 맛

나는 뜨개질에서 문어발 방식을 좋아하지 않아서
가능하면 작품을 끝낸 후에 새로 캐스트온*을 한다.
작은 동그라미에서 목덜미, 어깨, 팔로 이어지며
옷이 만들어지는 과정이 정말 재미있다.

특히 몸통 뜨기는 시간과의 싸움이기 때문에
좋아하는 영화나 드라마를 보면서
마음 편히 뜨개질 타임을 즐길 수 있다.

Cast on 이 제일 재밌어 ♥

*캐스트온: 바늘에 코를 만들어
작업을 새로 시작하는 것.

이 맛에 살지
택배 기다리기!

육지에 있을 때는 주문한 다음 날이면
내 손에 들어오는 택배이건만
제주는 택배 배송이 너무 오래 걸려서
주문한 걸 잊고 있을 때쯤에 도착을 한다.
내가 사고도 선물 받는 이 기분!

내가 직접 고르고 주문한 물건인데
이제 뭐라고 받으면 이렇게 설레고
좋을까.. ㅋㅋㅋ

내 택배는 언제 오나...

제발 대전 HUB, 옥천 HUB에 빠지지 말아주라.

서울은 좋겠다. 하루만에 배송와서 ㅠㅅㅠ

12월의 그려보기 <u>도형으로 동물 얼굴 그리기</u>

동그라미, 세모와 같은 도형으로 동물의 얼굴을 그릴 수 있어요.
처음부터 동물의 눈코입 등 세부 표현에 집중하지 말고,
동물의 얼굴형을 먼저 그린 다음에 눈코입을 그리면 쉽답니다.

도형으로 동물의 얼굴을 스케치하세요.

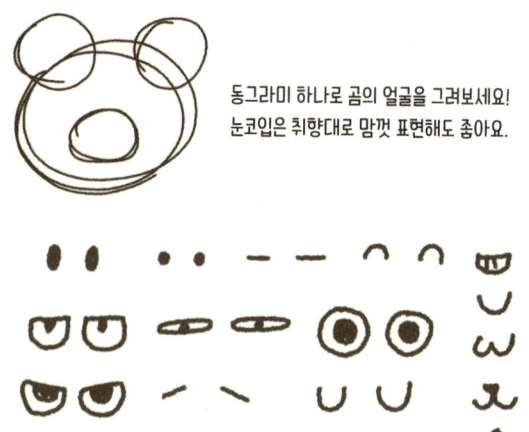

동그라미 하나로 곰의 얼굴을 그려보세요!
눈코입은 취향대로 맘껏 표현해도 좋아요.

도형으로 귀여운
동물의 얼굴을 어떻게 표현하는지 한번 볼까요!

동물 얼굴 그림에
눈을 직접 그려 넣어보세요.

행복을 주는 것들로 채워보기

여러분에게 행복을 주는 것들은 무엇인가요?
나만의 행복 리스트로 빈 곳을 자유롭게 채워보세요.
글로 적거나 그림으로 그려도 좋아요.

빨리 눈이 내리면 좋겠다.

내가 좋아하는 눈결정.
함박눈이 내릴 때 떨어진 눈송이를 가만히 보면 결정의 모양이 보이는데 잔짜 볼수록 신기하다.

동백은 꽃도 예쁘지만 향기도 너무 좋아.

겨울엔 무조건 뜨개질이지

사 입는것 보다 훨씬 따뜻하고 부드러워

딱히 크리스마스를
챙기는건 아니지만
괜히 기분이 좋아지는건 사실♥

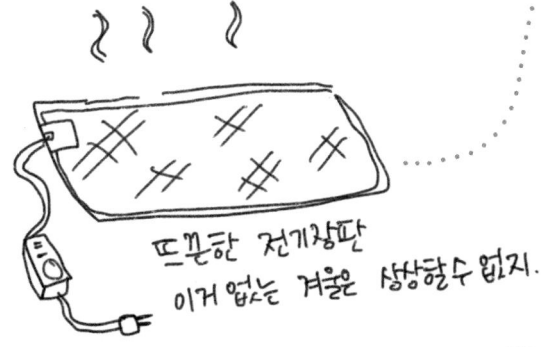
뜨끈한 전기장판
이거 없는 겨울은 상상할수 없지.

내가 사랑하는 제주의 풍경

나만의 달력 만들기

예전에는 종이 달력과 다이어리를 주로 사용했는데,
요즘은 태블릿 PC에 달력과 다이어리를 넣어 활용하는 사람이 많다.
직접 그린 그림으로 나만의 달력을 만들어보고 싶은 분들을 위해
몇 가지 팁을 소개한다.

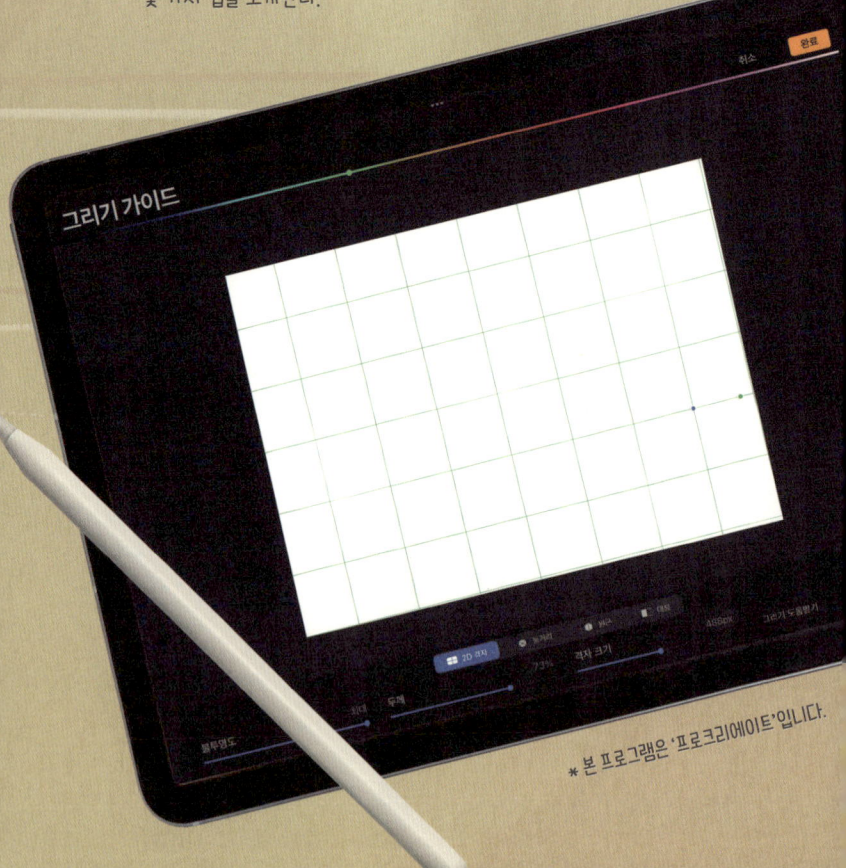

* 본 프로그램은 '프로크리에이트'입니다.

① 그리기 가이드 사용하기

- 프로크리에이트 캔버스를 열고 [동작] → [캔버스] → [그리기 가이드] 옵션을 켠다.
- [그리기 가이드] 바로 아래 칸에 있는 [편집 그리기 가이드] 항목을 누른다.
- 하단 메뉴 중 [2D 격자] 항목에서 [격자 크기]를 원하는 사각형 크기가 되도록 조정한다.

② 가이드를 그리기 전, 가로나 세로 중 내가 사용할 폼을 먼저 정한다.

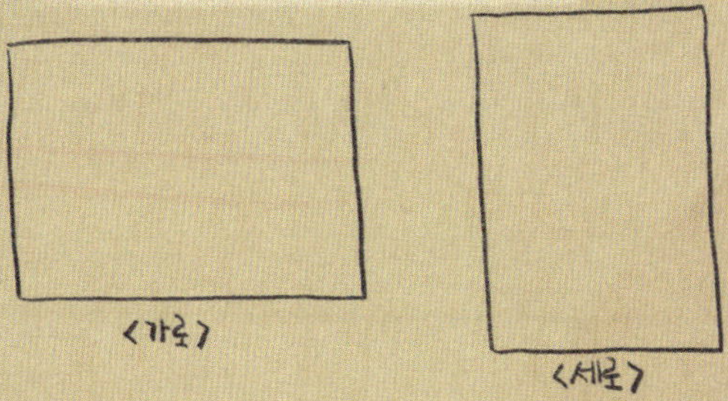

〈가로〉

〈세로〉

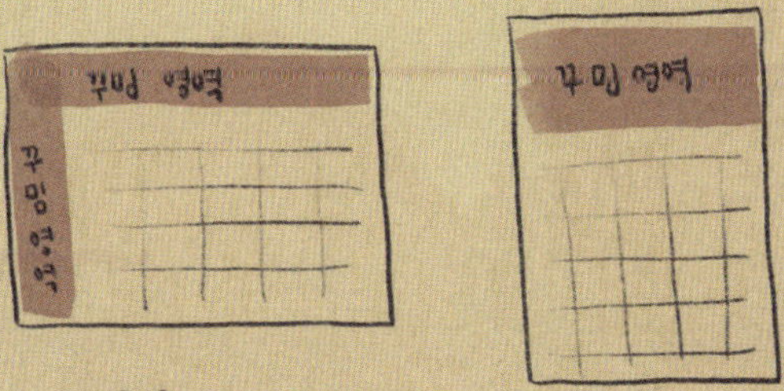

꾸밈 영역

꾸밈 영역

꾸밈 영역

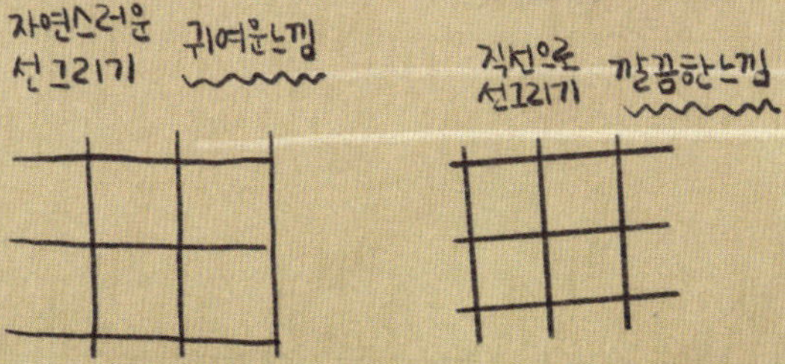

자연스러운
선 그리기   귀여운 느낌

직선으로
선 그리기   깔끔한 느낌

③ 폼을 정했으면 달력 모양의 선을 그어보자.

달력 선긋기
㉠ 달력보고 느낌대로 그려보기
㉡ 그리기 가이드 이용하기

동작 → 그리기 가이드 옵션 켜기
편집 그리기 가이드 → 격자크기 조정

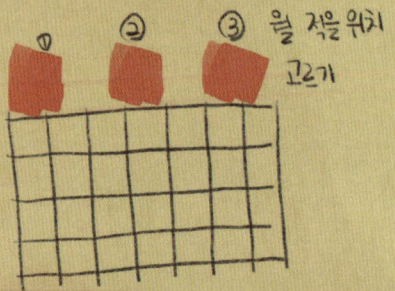

① ② ③ 월 적을 위치 고르기

10월

여백 부분도 꾸며주자
스티커나 마스킹테이프가 있다면
한번 붙여보는 건 어떨까?

④ 달력에 날짜 적는 폼을 정하고, 내 나름대로 달력을 꾸며보자!

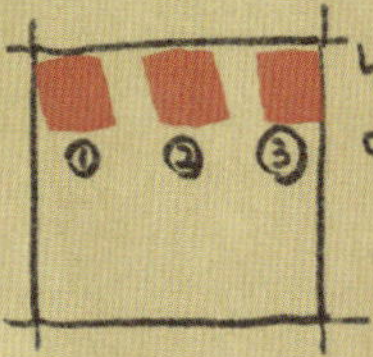

날짜를 적는 위치에 따라
달력의 느낌이 달라질 수 있다.
숫자의 느낌도 다양하게 써보자.

〈우측상단 예시〉   〈좌측상단 예시〉

✤ 좌·우상단은 가로형일때 쓰면 좋고
중앙상단 배치는 세로로 긴 칸일때 쓰면 좋다

달력에 포인트가 되는 그림을
그려넣어보자.

큰그림으로 채워넣기
좋은 위치는 왼쪽그림참고

A   B   C   D

○ 숫자영역   □○ 그림영역

다이어리 꾸미기

내가 만든 달력도 좋고,
마음에 들어 구매한 달력도 좋다.

다이어리에 귀여운 그림을 그리고
간단한 기록을 남겨보자.

나의 행복 다이어리에
소중한 하루하루가
꽉 채워질 것이다.

일 년 열두 달 행복기록

1월
★올해목표★
· 살빼기
· 건강챙기기

2월

마음에 드는 카페를 더 찾아볼까?

3월
노랑노랑한 유채꽃밭에 웃참지!!

7월
같이 풍덩 할래??

8월
HOT 뜨거!!

9월
몸은 그만 찌우고 이제 마음을 채워볼까?

Foreign Copyright:
Joonwon Lee
Address: 3F, 127, Yanghwa-ro, Mapo-gu, Seoul, Republic of Korea
　　　　　3rd Floor
Telephone: 82-2-3142-4151, 82-10-4624-6629
E-mail: jwlee@cyber.co.kr

제주살이 그림쟁이의 드로잉 에세이
하루하루 행복 기록

2022.　4. 12.　초 판 1쇄 인쇄
2022.　4. 18.　초 판 1쇄 발행

지은이 | 정선욱(달구라)
펴낸이 | 이종춘
펴낸곳 | BM (주)도서출판 **성안당**

주소 | 04032 서울시 마포구 양화로 127 첨단빌딩 3층(출판기획 R&D 센터)
　　　 10881 경기도 파주시 문발로 112 파주 출판 문화도시(제작 및 물류)

전화 | 02) 3142-0036
　　　 031) 950-6300
팩스 | 031) 955-0510
등록 | 1973. 2. 1. 제406-2005-000046호
출판사 홈페이지 | **www.cyber.co.kr**
ISBN | 978-89-315-5842-5 (03650)
정가 | 16,000원

이 책을 만든 사람들
책임 | 최옥현
기획 | 상:想 company
진행 | 정지현
본문·표지 디자인 | 상:想 company
홍보 | 김계향, 이보람, 유미나, 서세원
국제부 | 이선민, 조혜란, 권수경
마케팅 | 구본철, 차정욱, 나진호, 이동후, 강호묵
마케팅 지원 | 장상범, 박지연
제작 | 김유석

이 책의 어느 부분도 저작권자나 BM (주)도서출판 **성안당** 발행인의 승인 문서 없이 일부 또는 전부를 사진 복사나 디스크 복사 및 기타 정보 재생 시스템을 비롯하여 현재 알려지거나 향후 발명될 어떤 전기적, 기계적 또는 다른 수단을 통해 복사하거나 재생하거나 이용할 수 없음.

■ **도서 A/S 안내**

성안당에서 발행하는 모든 도서는 저자와 출판사, 그리고 독자가 함께 만들어 나갑니다.
좋은 책을 펴내기 위해 많은 노력을 기울이고 있습니다. 혹시라도 내용상의 오류나 오탈자 등이 발견되면 **"좋은 책은 나라의 보배"**로서 우리 모두가 함께 만들어 간다는 마음으로 연락주시기 바랍니다. 수정 보완하여 더 나은 책이 되도록 최선을 다하겠습니다.
성안당은 늘 독자 여러분들의 소중한 의견을 기다리고 있습니다. 좋은 의견을 보내주시는 분께는 성안당 쇼핑몰의 포인트(3,000포인트)를 적립해 드립니다.
잘못 만들어진 책이나 부록 등이 파손된 경우에는 교환해 드립니다.